FACEBOOK MARKETING PLAN

Impara da zero a monetizzare le tue passioni e generare traffico illimitato per il tuo business con un piano pratico, efficace... ed elementare!

Di

Riccardo R. Douglass.

Sommario

SEZIONE 1

INTRODUZIONE

PREMESSA

Ciao e benvenuto.

Grazie per aver deciso di leggere questo manuale, sono sicuro che non ne rimarrai deluso.

Questa guida pratica ha l'intento di guidarti step by step nell'utilizzo di Facebook orientato alla creazione di traffico illimitato per il tuo business, qualunque esso sia ma prima di iniziare una piccola nota:

Facebook è una piattaforma famosa per la sua lunaticità e mutevolezza e cambia le sue politiche e la sua configurazione letteralmente dall'oggi al domani. Con questo voglio dire che, anche se al momento della redazione questo libro risulta aggiornato ed in linea con le più recenti politiche di Facebook, può darsi che al momento della pubblicazione sia cambiata qualche piccola feature; magari un particolare pulsante si chiama in un altro modo, magari la disposizione di alcune schermate è totalmente cambiata oppure è rimasta identica, nessuno sa come ragiona Facebook.

Quello che voglio che tu comprenda però è che i processi che ti permettono di ottenere traffico tramite la piattaforma e gli step di creazione di una pagina aziendale o di un annuncio pubblicitario o ancora di monitoraggio dei ritorni sugli investimenti rimangono e rimarranno sempre gli stessi; magari saranno cambiate le denominazioni, le interfacce grafiche, oppure saranno state aggiunte nuove opzioni ma nulla cambierà mai in termini di business.

Detto questo buona lettura!

PERCHÈ FARE PUBBLICITÁ SU FACEBOOK?

In questi anni abbiamo visto come Facebook sia passato da un semplice social network alla piattaforma globale per il marketing che oggi tutti conoscono. Ma perché conviene investire su Facebook? Semplice, considera queste cose: è economico, efficiente, semplice, in grado di raggiungere chiunque e fornisce un'esperienza di marketing personalizzata per i tuoi bisogni. L'attenzione di tutti al momento è su come riuscire ad essere il più visibili possibile su Facebook. Anche le grandi aziende lo fanno per cercare di assicurarsi un posto in questo sistema. E la parte migliore è che Facebook porta ad ottimi risultati con un costo molto ridotto. Questo è davvero qualcosa a cui gli imprenditori dovrebbero prestare attenzione.

Quando Facebook fu lanciato nel 2004, nessuno si sarebbe mai immaginato potesse arrivare ad essere così diffuso in tutto il mondo.

Invece, al giorno d'oggi, nessuno è in grado di immaginarsi un internet senza Facebook. Le aziende di tutte le dimensioni utilizzano Facebook per aumentare l'esposizione del loro marchio, che gli permetterà poi di aumentare la loro credibilità.

Le multinazionali usano Facebook per migliorare la loro immagine, mentre le aziende nascenti lavorano duramente per aumentare il passaparola. La parola perfetta per descrivere il marketing su Facebook è: virale.

Quando qualcosa diventa virale, si diffonde come un incendio in una foresta, e le persone iniziano a definirlo "la cosa più diffusa sul web".

Ovviamente, non tutti i business possono creare contenuto virale dal giorno alla notte, ma vale sempre la pena provarci, e quando avrai successo nel creare questo contenuto, la miglior piattaforma per condividerlo con chi è già un tuo fan e con chi lo diventerà a breve è Facebook .

Per anni, Google AdWords è stata la piattaforma principale per fare pubblicità online, schiacciando la competizione. I social media come Facebook sono rimasti senza pubblicità per anni da quando sono stati lanciati. Dall'apertura pubblica (IPO) di Facebook nel 2012, tuttavia, la necessità di convertire i suoi 1.23 miliardi di utenti in guadagno è diventata pressante.

La pubblicità su Facebook è il più grande rivale del colosso Googgli adsense.

Recentemente, Facebook ha iniziato a guadagnare sempre più terreno nel mercato delle pubblicità online, in particolare per le pubblicità su dispositivi mobili. Negli scorsi anni, il colosso informatico ha visto un aumento del 20% nei guadagni da dispositivi mobili, a differenza di Google, che ha visto le sue azioni in continuo calo (- eMarketer).

Attualmente, Facebook offre una delle piattaforme per pubblicità online più efficienti, fornendo infinite possibilità di dati demografici, come: relazione sentimentale, interessi, lavoro, età, sesso, provenienza e molto altro. La possibilità di raggiungere l'udienza desiderata è massimizzata.

UTENZA DI FACEBOOK

Se Facebook è riuscito a diventare ciò che è adesso, è in particolare grazie alla sua utenza. Non c'è nessun altro modo per connettere così tante persone mediante un'azienda. Facebook ha più di 1.65 miliardi di utenti e più di un miliardo di persone che sono attive ogni giorno. È un posto dove le persone vanno costantemente. Inoltre, da Maggio 2016, Facebook ha avuto più di 1.51 miliardi di utenti attivi da dispositivi mobili, quindi le pubblicità possono raggiungere questi utenti ovunque. Ci sono ovviamente altre piattaforme che possono essere utilizzate per il marketing, ma nessuna di loro è in grado di competere con Facebook. Si possono raggiungere più utenti di Twitter, Whatsapp e Instagram messi insieme semplicemente su Facebook!

Questa vasta utenza fornisce alla tua azienda un'opportunità unica, con cui il marketing tradizionale non può competere. Puoi provare a raggiungere un maggior numero di persone con la televisione o la radio, ma con Facebook hai la possibilità di selezionare accuratamente chi vuoi raggiungere con le tue pubblicità.

Con le pubblicità sui social media puoi selezionare l'udienza più adatta alla tua strategia di marketing e assicurarti che queste persone vedano il tuo contenuto. Facebook è perfetto per la selezione dell'utenza per vari motivi:

Per prima cosa, ha la base di utenti più grande al mondo, quindi sarà più semplice trovare un maggior numero di utenti che potrebbero essere interessati al tuo contenuto.

Inoltre, Facebook è una piattaforma che memorizza tutti gli interessi dei suoi utenti, e essendoci molteplici scelte, bisogna studiare i dati accuratamente.

MOLTISSIMI DATI SUGLI INTERESSI DEGLI UTENTI

È possibile raggiungere l'utenza desiderata solo se si è in grado di riconoscere le necessità del proprio business, e Facebook rende questo passaggio molto semplice. La piattaforma memorizza gli interessi di tutti gli utenti e quello che fanno sul sito. Per esempio, Facebook capisce gli interessi in base alle reazioni che un utente mette su un post. Un altro aspetto sono le pagine a cui gli utenti mettono mi piace. Facebook tiene anche traccia delle attività che l'utente compie oltre a quelle principali.

Con tutte queste informazioni, Facebook è in grado di creare un profilo molto accurato per tutti i suoi utenti, potendogli così offrire il contenuto a cui sono più interessati. Un imprenditore può raggiungere un'utenza che è interessata ai suoi prodotti grazie a tutte queste informazioni.

SI ADATTA AI CONTINUI CAMBIAMENTI DELLA SOCIETÁ

Un altro vantaggio del marketing su Facebook è che il sito è sempre aggiornato alle ultime novità tecnologiche e a come le persone usano internet. Il passaggio ai dispositivi mobili ne è un ottimo esempio. Da quando l'utenza di Facebook ha iniziato ad utilizzare dispositivi mobili, la piattaforma si è aggiornata per poter offrire tutto il suo contenuto anche sotto forma di applicazione, creando anche funzioni dedicate ai nuovi dispositivi mobili.

Il miglior ROI

Se vuoi avviare una nuova campagna pubblicitaria, non basta conoscere i vantaggi di Facebook, ma il profitto è comunque la parte più importante. Analizziamo attentamente i dati.

Prezzo ragionevole

Facebook è un'opzione più che valida a livello di costi per le pubblicità. Anche se il costo dipende da molti fattori, come il tipo di pubblicità, il prezzo per un click o una visita è relativamente basso.

Alto ROI

Combinando prezzi bassi con un'ottima copertura, Facebook offre uno dei più alti profitti possibili. Secondo uno studio di eMarketer, il ROI su Facebook è del 95.8%. Questo è più del 30% maggiore della competizione. Gli imprenditori delle startup scelgono Facebook per le loro campagne pubblicitarie perché è la miglior piattaforma in assoluto. Se la tua startup non usa Facebook, ti stai perdendo una delle migliori piattaforme per il marketing.

Ora che sai perché il marketing su Facebook è così importante, diamo un'occhiata a come funziona.

Come funziona il Marketing su Facebook?

Ora che sai quali sono i vantaggi di Facebook e perché così tante aziende lo usano, devi capire come usarlo al meglio. Tratteremo le basi del marketing su Facebook e cosa dovrai sapere.

Dove vengono mostrate le pubblicità?

L'esposizione è un aspetto importante per qualsiasi strategia di marketing. Se stai prendendo in considerazione di usare Facebook come parte della tua strategia di marketing dovrai sapere dove verranno mostrate le tue pubblicità. Queste potranno apparire in modi diversi. La

10

pubblicità potrebbe apparire come un post normale nella feed degli utenti in mezzo agli altri post. Questo tipo di pubblicità funziona sia sui dispositivi mobili che sui computer.

Oppure, la pubblicità potrebbe essere mostrata agli utenti nella parte destra dello schermo.

Come si paga?

Come per ogni campagna pubblicitaria, è importante stabilire un budget e pagare. Per fortuna, Facebook rende la gestione di questi aspetti molto semplice. Le basi sono le seguenti.

Stabilire un budget

Hai molte opzioni tra cui scegliere per stabilire il tuo budget. Puoi selezionare la quantità massima complessiva che vuoi spendere sulle pubblicità, ma puoi anche impostare una quantità massima giornaliera per assicurarti che la tua campagna sia costante per tutta la sua durata.

Costi

Impostare un budget non vuol dire necessariamente spendere quei soldi. Il budget è la spesa massima, e se non viene raggiunto dalla pubblicità non dovrai pagare più di quello che hai ottenuto. Per esempio, se spendi 150$ su una campagna, ma la pubblicità raggiunge utenti per una spesa complessiva di 100$ al mese, allora dovrai pagare solo 100$ e non 150$. Discuteremo più nel dettaglio il funzionamento delle pubblicità nelle prossime pagine.

Quando devi pagare

Le date dei pagamenti delle pubblicità di Facebook variano in base a due fattori principali. La differenza maggiore è se un utente ha impostato un limite di pagamento o meno. Non avrai nessun limite di pagamento se utilizzi una carta di debito per pagare. Facebook farà pagare a questi account ogni giorno in cui le pubblicità sono attive.

Ci sarà un limite di pagamento per account che pagano con carta di credito, carta di debito o PayPal. Le possibilità di limite massimo sono molte, la più bassa è di 25$, e la più alta è di 750$. Quando raggiungi il limite, o alla fine del mese, avviene il pagamento in automatico.

Controllare le spese

Puoi anche tenere sotto controllo le spese per ogni pubblicità attiva e i vari tipi di attività per cui stai pagando nella pagina dei pagamenti.

SEZIONE 2

COME INIZIARE

CREARE UNA PAGINA FACEBOOK

Una pagina di Facebook è anche una Fanpage. Puoi crearne una per qualsiasi cosa tu voglia, ma principalmente dovresti crearla per la tua azienda.

È ovvio che le pagine aziendali su Facebook stanno diventando la parte essenziale delle strategie di marketing di molti business. Con 800 milioni di utenti che effettuano l'accesso sulla piattaforma ogni giorno, restando attivi per circa 55 minuti, Facebook rende le pagine delle aziende molto importanti, permettendogli di ottenere una grande esposizione all'utenza che rispecchia l'ambito dell'azienda.

Ma concentriamoci sull'importanza di una pagina Facebook per migliorare l'immagine della tua azienda sul social network più popolare di tutti. Con 500 milioni di utenti in continua crescita, puoi massimizzare il potenziale della tua azienda condividendo le sue informazioni sulla tua pagina, facendo circolare questi dati per tutto il web. Nella pagina della tua azienda puoi anche inserire link promozionali o ad un sito/blog gratuitamente, oltre a tutte le informazioni necessarie.

Questo aumenta anche la classifica della tua pagina su Google. Puoi avere un numero illimitato di fan, a differenza di un profilo normale che può avere al massimo 5000 amici. Questo ti da anche la possibilità di creare una lista per il marketing via mail. Una pagina di Facebook può anche indirizzare gli utenti al tuo sito, se lo hai inserito nella descrizione della pagina.

Per poter iniziare a fare marketing su Facebook è necessario che la tua azienda abbia una pagina. Come per un profilo personale, anche una pagina Facebook può essere utilizzata per connettersi con altri utenti. Tramite la pagina Facebook della tua azienda puoi interagire con la comunità globale, rendendola la parte fondamentale della tua strategia di marketing. Allora guardiamo i vantaggi di una strategia di marketing efficiente su Facebook per una startup.

Ma.... prima di quello, mi piacerebbe mostrarti ciò che devi sapere per creare una pagina su Facebook.

12 COSE CHE DEVI SAPERE SULLE PAGINE FACEBOOK

1. Devi avere un profilo di Facebook per poter creare una tua pagina.

La prima cosa che devi sapere è che non puoi creare una pagina su Facebook a meno che tu non abbia già creato un profilo personale sulla piattaforma. Dopo aver creato l'account con il tuo nome (NON il nome della tua azienda) puoi creare tutte le pagine di Facebook che vuoi. Non preoccuparti, le tue pagine possono essere tenute separate dal tuo profilo personale, e dovrebbero esserlo.

2. La tua pagina Facebook sarà collegata al tuo profilo personale, e tu sarai l'amministratore della pagina, tuttavia solo tu e Facebook potete vedere che i profili sono collegati.

3. Puoi avere infinite pagine.

Attualmente non c'è nessun limite sul numero di pagine che puoi creare, quindi puoi averne infinite. Ricorda però che, dovrai comunque mantenere queste pagine attive perché ricevano traffico e per aumentarne l'esposizione. Una pagina inattiva è una pagina morta.

4. Puoi avere infiniti fan (gli utenti che mettono mi piace alla tua pagina).

Una delle funzioni più utile di Facebook è la possibilità di avere seguaci e mi piace illimitati. Il tuo profilo personale ti limita a 5000 amici, che solitamente è fin troppo per una persona normale, ma è troppo poco per un'azienda.

5. Le pagine di Facebook sono pubbliche e possono essere visualizzate sia da chi è registrato a Facebook che da chi non ha un account.

Questa è un'altra funzione fantastica che differenzia le pagine dai profili personali. Il tuo profilo può essere visto solamente da chi possiede un account su Facebook, così che tu possa decidere a chi mostrare le tue informazioni, mentre le pagine sono pubbliche a tutti, potendo così essere viste da chiunque sia in grado di usare internet.

6. Tutti i contenuti che pubblichi sulla tua pagina sono indicizzati da Google.

È importante ricordare che qualsiasi cosa scrivi/pubblichi sulla tua pagina di Facebook viene indicizzata da Google. Quindi ricordati di usare parole chiave nei contenuti che pubblichi, e assicurati che siano coerenti con la nicchia che stai cercando di raggiungere. Per esempio, se la tua pagina riguarda letti riscaldati per gatti, è consigliabile scrivere sui post "letti riscaldati per gatti". Evita tuttavia di utilizzare parole chiave ripetitive e cercane altre relative alla tua nicchia.

7. Puoi aggiungere una lingua e un'area geografica ai tuoi post.

Se il tuo business opera in una particolare area geografica o lingua, puoi rendere la tua pagina visibile solo in una determinata area e solo nella lingua che desideri.

8. Puoi aggiungere applicazioni alla tua pagina, come video interattivi, lunghi testi, grafiche, opzioni selezionabili e molto altro.

Una pagina Facebook di base è inutile, ma può essere personalizzata a tuo piacimento con un numero pressoché illimitato di applicazioni e strumenti di terze parti. Dovresti impostare la tua pagina in modo da distinguerti dalle altre pagine di aziende noiose.

9. Puoi aggiungere altri amministratori (consigliato).

Ti basta semplicemente accedere alla tua pagina, cliccare su Modifica Pagina, cliccare Modifica Amministratori e infine seguire le istruzioni indicate.

10.Tutti gli amministratori hanno gli stessi permessi di modifica, inclusa la possibilità di aggiungere o rimuovere amministratori (sceglili con cura!).

11. Non puoi pubblicare contenuto dal tuo profilo principale alla tua pagina (se non utilizzando un @tag dal tuo profilo, impostandolo visibile a tutti).

12.Seleziona il nome e la categoria della pagina con attenzione, dato che non potranno essere modificati in futuro.

VANTAGGI DI UNA PAGINA

Prima di elencare i benefici del possedere una pagina su Facebook per la tua azienda, la prima cosa che devi sapere è che devi creare una pagina aziendale. Non puoi usare il tuo profilo personale per promuovere la tua azienda. Non solo perderai tutti i vantaggi di avere una pagina per la tua azienda, ma Facebook non ti permetterà di creare promozioni.

Quando crei un profilo personale stai firmando un contratto dove dichiari che non lo utilizzerai per scopi promozionali o commerciali. Se infrangi quel contratto il tuo account potrebbe essere eliminato. Non preoccuparti, creare un account aziendale non è difficile. Ti basta seguire i passi con attenzione, e una volta terminato, la tua azienda potrà:

Selezionare l'Utenza Raggiungere

Da piccola azienda appena avviata, ti potresti chiedere quale utenza debba raggiungere il tuo business. Beh, sei fortunato. Facebook ti mostrerà l'utenza consigliata per te tramite Facebook Insights. Questo strumento ti permette di ricevere informazioni demografiche su chi mette mi piace alla tua pagina aziendale. Queste informazioni includono dati come età, provenienza, interessi, etc.

In base ai dati che riceverai da questo strumento potrai sapere se la tua azienda dovrà raggiungere donne tra i 16 e 35 anni o uomini con più di 40 anni. Una volta capito a che tipo di utenza devi mirare, puoi iniziare a personalizzare i tuoi post in modo più specifico. Questo è un ottimo modo per accelerare la crescita della tua azienda, aumentando il numero di clienti.

Aumenta i tuoi Seguaci

Facebook non ti aiuta semplicemente a capire che utenza devi riuscire a raggiungere, ma ti aiuta anche ad attirare più persone sul tuo profilo, aumentando quindi i tuoi seguaci. Puoi ottenere questo risultato mettendo in risalto sulla tua pagina aziendale i nuovi prodotti o servizi, condividendo foto riguardanti il funzionamento dei prodotti, e chiedendo dei pareri ai tuoi clienti. In pratica, puoi mettere in mostra la tua azienda e guadagnare seguaci facendolo.

Ci sono più di 1 miliardo di utenti su Facebook, quindi sfrutta il loro potenziale. Se hai appena creato una pagina aziendale, il miglior modo per aumentare i tuoi seguaci è quello di invitare i tuoi amici e famigliari a mettere mi piace alla pagina. Maggiore sarà il numero di mi piace e seguaci, più le persone saranno spinte a seguire la tua pagina. Se questo non funziona, utilizza promozioni e concorsi.

Rendi il tuo Business più "umano"

Le pagine aziendali sono ottime per il marketing, ma sono anche un ottimo modo per interagire con i tuoi clienti. Tu sei il volto della tua compagnia. Le piccole aziende ottengono i migliori risultati quando interagiscono con i loro clienti. Dai della personalità alla tua azienda. Questo non vuol dire che i tuoi clienti debbano conoscere la tua vita privata, ma gli farebbe piacere sapere che sei un umano.

Sollecita i tuoi clienti a seguire i processi che avvengono dietro le scene della tua azienda, mostrandogli la fatica necessaria per creare i tuoi prodotti. Avvia conversazioni con loro e fai in modo che ti conoscano. I clienti saranno più fedeli ad un'azienda con la quale si sentono legati. Questo è uno dei molti vantaggi dell'avere una pagina aziendale su Facebook.

Connettiti su più piattaforme

Avere un mi piace sulla tua pagina non è abbastanza per permetterti di sostenere un modello aziendale a lungo termine. È necessario che tu costruisca una stretta relazione con i tuoi clienti tramite la pagina Facebook.

Ma cosa succederebbe se Facebook scomparisse un giorno?

Se non hai creato nessuna connessione esterna a Facebook con i tuoi clienti allora avrai diversi svantaggi. Questo è il motivo per cui gli imprenditori più intelligenti creano collegamenti sotto forma di indirizzi di posta elettronica, potendo così contattare i loro seguaci anche all'esterno di Facebook, proponendogli promozioni, concorsi e una newsletter.

Indirizza Traffico sul tuo Sito

Avere una pagina Facebook è un ottimo modo per portare più traffico sul tuo sito. Ci sono diversi punti della tua pagina in cui puoi inserire un link al tuo sito, tra cui la sezione "Informazioni" e i pulsanti con azione. Puoi anche inserire il tuo link in tutti i tuoi post se preferisci. Quando pubblichi qualcosa riguardo i tuoi prodotti o servizi, aggiungi un link al tuo sito per incoraggiare i tuoi clienti a visitarlo, aumentando le vendite che faranno crescere la tua azienda.

Una volta costruita la tua base di seguaci, puoi usare la tua pagina di Facebook per inviare più traffico sul tuo sito. Un link al tuo sito inserito nelle gallerie di immagini incoraggerà i tuoi seguaci a cliccare il link, portando ad un maggior numero di vendite. Chi visita il tuo sito sarà spinto ad acquistare qualcosa se il contenuto che trova è interessante, quindi assicurati di aggiungere contenuto di qualità al tuo sito.

SEO

Per molti manager, questa è la parte più importante, quindi non dimenticarti di usarlo! Le pagine aziendali di Facebook vengono indicizzate rapidamente da Google e da altri motori di ricerca. Assicurati che le parole chiave che utilizzi siano coerenti con il contenuto che pubblichi. Tutti i post, link e altre attività aiutano Google ad indicizzarti più in alto in base al SEO, quindi assicurati che la tua pagina sia ricca di contenuto pertinente.

Immagine Aziendale

L'ultimo e più importante vantaggio di Facebook è quello di mettere in mostra il tuo marchio. La costruzione di un'immagine aziendale è così importante che è diventata fondamentale nel mercato. Mettiti in mostra e espandi la copertura della tua azienda. Questo è un ottimo modo per aumentare credibilità nella tua azienda e ottenere nuovi clienti.

Forse il miglior motivo per far crescere la tua pagina aziendale su Facebook è che i mi piace e i seguaci ti permettono di costruire un marchio solido e conosciuto. Un sito che guida i tuoi clienti agli acquisti è preferibile a una lista degli oggetti che vendi, portando i tuoi clienti a condividere i tuoi prodotti o servizi di qualità, dando un nome al tuo marchio. Quando un tuo cliente pubblica la foto di un tuo prodotto sul feed della tua pagina o sul suo profilo, sta mettendo in bella vista il tuo prodotto ad un'enorme quantità di potenziali clienti.

Quindi, come puoi vedere, i motivi per creare una pagina Facebook sono molteplici, ora ti spiegherò come crearla.

CREARE LA TUA PAGINA FACEBOOK

Per iniziare a creare la pagina Facebook della tua azienda dovrai eseguire l'accesso a Facebook e cliccare il pulsante Home vicino al tuo nome. Poi, clicca su Pagine nella sezione Esplora nella barra a sinistra del tuo profilo.

Seguendo questi passaggi, verrai mandato alla pagina principale della sezione Pagine, dove potrai vedere le pagine consigliate, i tuoi inviti alle pagine, le pagine a cui hai messo mi piace, le pagine che gestisci o creare nuove pagine. Dovrai cliccare su Crea Pagina.

Successivamente dovrai selezionare il tipo di pagina che vuoi creare per la tua azienda. Ci sono 2 opzioni:

✓ Azienda o brand

✓ Community o personaggio pubblico

Scegli il tipo di pagina attentamente.

Ogni pagina ha un menu che contiene moltissime categorie selezionabili.

Scegliere correttamente la categoria adatta per la tua pagina può sembrare difficile all'inizio, ma dopo aver dato una rapida occhiata a tutte le categorie riuscirai a trovare quella più adatta alla tua azienda, magari diversa da quella a cui pensavi inizialmente.

Ricorda che in base al tipo di pagina che scegli potrai usare funzionalità diverse e potrai selezionare categorie diverse, è quindi importante eseguire con attenzione i primi passi.

Tieni conto di tutte le funzioni e vantaggi che ogni tipo di pagina ti offre.

Dopo aver sfogliato le diverse categorie, scegli il tipo di pagina e la categoria più adatta alle tue necessità. Se vuoi modificare le tue scelte una volta creata la pagina puoi comunque tornare indietro e farlo.

Inserisci il nome della tua pagina e compila gli altri campi richiesti, clicca Continua e verrai mandato alla tua nuova pagina!

In questo esempio, ho deciso di creare una pagina per un marchio che ho chiamato "Online Marketing Pro".

Vedrai una lista con dei consigli e delle idee che ti aiuteranno a creare un'ottima pagina prima di iniziare a invitare persone per mettere mi piace.

A questo punto, dovrai rendere nascosta al pubblico la tua pagina, in modo da poterci lavorare sopra senza essere sotto gli occhi di tutti. Clicca su Impostazioni nella barra superiore e apri la colonna Visibilità della Pagina in Impostazioni Generali. Modifica le impostazioni di visibilità selezionando Pagina Privata, poi clicca Salva. Ora puoi iniziare a modificare la tua pagina e potrai aprirla al pubblico una volta completata.

#2: Crea e aggiungi un'immagine profilo alla tua pagina Facebook

La tua immagine di profilo può essere diverse cose, tra cui:

✓ La foto di uno dei tuoi prodotti

✓ Una tua foto professionale se sei te ad occuparti dell'azienda

✓ Il tuo logo

Qualsiasi cosa tu scelga, assicurati che sia semplice da memorizzare e facilmente distinguibile.

La tua foto profilo dovrebbe essere di 180 x 180 pixel per fare in modo che tutti i dettagli dell'immagine siano visibili. Puoi creare un'immagine della giusta dimensione con semplici strumenti, come Canva.com.

Su Canva, clicca Crea Progetto e seleziona Utilizza Dimensioni Personalizzate.

Scrivi nel campo 180 x 180 px e clicca sul pulsante Progetto per essere mandato alla pagina del progetto, dove potrai caricare la tua immagine.

Modifica l'immagine in modo che sia della dimensione del quadrato e che si veda come desideri. Una volta fatto salva l'immagine con un nome a piacere e clicca su Scarica.

Ora sei pronto a caricare la tua nuova immagine per il tuo profilo su Facebook, quindi torna li e clicca su Aggiungi Foto Profilo. Quando vedrai l'opzione di scattare una foto con la fotocamera del tuo computer dovrai selezionare Carica Foto. Ora ti basterà seguire le istruzioni per caricare la tua nuova immagine profilo.

#3: Crea e aggiungi un'immagine di copertina sul tuo profilo

26

L'unica differenza dal processo precedente è la dimensione da utilizzare, infatti la dimensione di una foto di copertina su Facebook è 828 x 315 px.

Una cosa da ricordare è che la zona visibile sui dispositivi mobili è di 560 x 315 px, quindi se vuoi aggiungere un testo alla tua foto assicurati che sia visibile su tutti i dispositivi.

Quando avrai creato l'immagine dovrai cliccare su Aggiungi una Copertina in alto a sinistra dello spazio dedicato alla copertina, poi clicca Carica Foto. Puoi trascinare l'immagine e posizionarla correttamente fino a quando sei soddisfatto del risultato, poi clicca il pulsante Salva.

Dopo aver caricato la tua immagine di copertina, clicca sull'immagine per aggiungere una descrizione. Questa parte della tua pagina è fondamentale per condividere un messaggio o informazioni importanti, ma anche per aggiungere un link che porta al tuo sito o ad un tuo prodotto.

In questo modo, se qualcuno cliccherà la tua immagine di copertina, potrà scoprire ancora di più sulla tua azienda o sulla tua pagina.

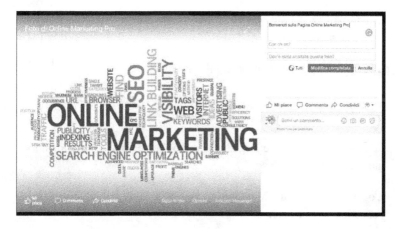

#4: Aggiungi un pulsante interattivo alla tua pagina

Aggiungere un pulsante interattivo alla tua pagina fornisce a chi visita la tua pagina un modo rapido per fare cose come registrarsi ad un concorso o comprare qualcosa.

Una volta cliccato su Aggiungi un Pulsante nella parte in basso a destra della tua immagine di copertina, verrai portato ad una pagina dove potrai scegliere tra sette tipi di pulsanti diversi.

L'opzione Servizi di Prenotazione si trova in due pulsanti.

L'opzione Prenota Ora permette alle persone di fissare un viaggio o un appuntamento con te.

L'opzione Crea Ordine permette alle persone di ordinare da mangiare dalla tua pagina.

L'opzione Contattaci ha cinque pulsanti diversi.

L'opzione Chiama ora da la possibilità a chiunque di chiamarti semplicemente premendo un pulsante.

Le opzioni Contattaci e Registrati portano le persone ad un modulo sul tuo sito per generare lead.

L'opzione Manda un Messaggio avvia una conversazione privata su Facebook tra te e l'utente.

L'opzione Manda una Mail permette alle persone di scriverti una mail dalla tua pagina.

L'opzione Scopri di Più ha due pulsanti.

L'opzione Guarda Video porta le persone ad un video sulla tua pagina o sul tuo sito.

L'opzione Scopri di Più mostrerà a chi la clicca più informazioni riguardo la tua azienda.

Le opzioni Acquista o Dona hanno un solo pulsante.

Compra ora permette a più persone di vedere ed eventualmente acquistare un prodotto sulla tua pagina.

L'opzione Scarica App o Gioco ha due pulsanti.

L'opzione Usa Applicazione porta le persone alla tua applicazione aumentando i download.

L'opzione Gioca permette alle persone di giocare o scaricare il tuo gioco.

Esplora tutti i tipi di pulsanti per vedere quale è più adatto alla tua azienda.

#5: Aggiungi una descrizione alla tua pagina

Usa la descrizione del tuo profilo per far capire agli utenti di cosa tratta la tua pagina. Più informazioni su di te fornisci a una persona, più è probabile che diventi un cliente.

Aggiungi 1 o 2 frasi per descrivere **Online Marketing Pro** e aiutare le persone a capire cosa offri.

Descrizione   Add short description

A brief summary of your Page. The limit is 155 characters.

1 of 4   Annulla   Save and Continue

La descrizione è limitata a 155 caratteri e viene mostrata nei risultati di ricerca, quindi dovresti immaginare quante persone cercheranno i tuoi prodotti o servizi, trovando quindi la tua pagina.

Clicca su Add a short description e scrivi due frasi, utilizzando anche parole chiave, per descrivere adeguatamente la tua pagina.

Premi su Salva ed hai fatto.

#6: Crea uno username personalizzato per la tua pagina

Ogni pagina Facebook ha un identificatore unico nell'URL quando viene creata, ed è qualcosa di simile a facebook.com/NomePagina-123456789. Per fare in modo che le persone possano trovarti più rapidamente e che gli altri utenti possano menzionarti, puoi modificare la prima parte dell'URL cambiando il tuo username.

Per esempio, potresti scegliere MarketingPro come username della pagina, e l'URL diventerebbe facebook.com/MarketingPro.

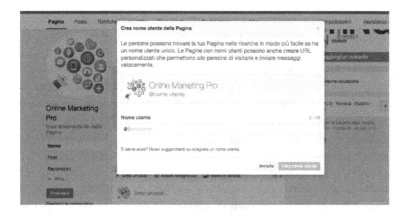

Generalmente, dovresti tenere il tuo username il più corto possibile. Detto questo, dovresti evitare acronimi o abbreviazioni che non sono correlate alla tua azienda.

#7: Come personalizzare le impostazioni della Privacy e della Sicurezza

Ora che la tua pagina è pronta, bisogna assicurarsi che sia anche sicura, scegliere che ruoli dare agli utenti che possono accederci e modificarla, impostare chi può vedere i messaggi pubblici e così via.

Impostazioni Generali

Alcune impostazioni importanti tra queste sono:

Vuoi rendere la navigazione della tua pagina più rapida? Attiva le scorciatoie per accedere più rapidamente alla pagina dal tuo profilo.

Apri la sezione Post delle persone che visitano la Pagina e permetti agli utenti di pubblicare testi, foto e video sulla bacheca della tua pagina. Se sei preoccupato riguardo al contenuto che gli utenti potrebbero pubblicare puoi selezionare l'opzione Controlla Contenuti, che ti permetterà di filtrare manualmente il contenuto che viene pubblicato sulla tua pagina.

Dare la possibilità agli utenti di mettersi in contatto con te è fondamentale, quindi ricordati di spuntare l'opzione dei Messaggi che trovi sulla tua pagina.

Anche permettere agli utenti e alle altre aziende di menzionare la tua pagina sul loro profilo è importante per espandere la tua udienza. Per sfruttare questa funzione seleziona l'opzione Possibilità di Taggare.

Se hai un'azienda che opera nel settore dell'alcol, del tabacco o di altri prodotti che potrebbero essere soggetti a limitazioni di età, potrebbe essere necessario aggiungere un'età minima richiesta per visualizzare la tua pagina. Puoi scegliere tra sei opzioni diverse.

La Moderazione Pagina è importante se pensi che i filtri per la volgarità possano esserti utili. Puoi utilizzare quest'opzione per bloccare commenti che contengono determinate parole.

Vuoi che la tua pagina appaia tra i consigliati quando qualcuno cerca del contenuto simile? Spunta l'opzione dei Consigliati per permettere a Facebook di mostrare la tua pagina tra i consigliati di altri risultati.

Puoi anche selezionare l'opzione di permettere a Facebook di creare un post in automatico ogni volta che modifichi qualcosa sul tuo profilo, oppure puoi disattivare questa funzione dalla sezione Aggiornamento Pagina.

Se hai un'utenza globale puoi selezionare l'opzione Posti in più Lingue per mostrare i tuoi post ai tuoi fan nella loro lingua.

Vuoi impostare manualmente l'ordine in cui i commenti dei fan vengono mostrati? L'opzione Ordine Commenti ti permette di scegliere se mostrare per primi i commenti più recenti o quelli che hanno ricevuto più reazioni.

Sapevi che i tuoi fan e chi ti segue può scaricare i video che pubblichi? In base agli obiettivi della tua azienda potresti voler limitare la possibilità di scaricare i contenuti, cosa che puoi fare semplicemente spuntando l'opzione Distribuzione Contenuti.

Opzioni dei messaggi

Quando qualcuno ti manda un messaggio tramite la tua pagina puoi attivare le risposte automatiche. In questi messaggi viene inserito lo username dell'utente e puoi modificare il testo del messaggio in base alle tue necessità.

Puoi configurare le risposte automatiche per:

Confermare che hai ricevuto il messaggio e stai lavorando ad una risposta

Avvisare i clienti che non sei disponibile al momento, ma risponderai il prima possibile

Ringraziare gli utenti che contattano la tua pagina per la prima volta.

Modifica le opzioni della pagina

Anche se la tua pagina viene creata con delle tabelle già ordinate, puoi selezionare cosa mostrare nella barra di sinistra della tua pagina. Apri le Impostazioni della Pagina e trascina le caselle fino a quando non ottieni il risultato desiderato. Per esempio, se pubblichi molti video puoi aggiungere una sezione che li contiene nell'aria superiore della pagina.

Impostazioni delle Notifiche

Questa opzione ti permette di decidere che tipo di notifiche ricevere. Decidi se vuoi ricevere le notifiche ogni volta che accade qualcosa oppure ogni 24 ore.

Puoi anche decidere che tipo di notifiche ricevere. Vuoi essere notificato ogni volta che qualcuno aggiunge un commento sulla tua pagina, o magari ogni volta che una pagina condivide un tuo contenuto? Attiva e disattiva queste opzioni da questa sezione.

Infine, specifica se vuoi ricevere le notifiche via email, messaggio o entrambi.

Opzioni della Piattaforma Messenger

Messenger si sta evolvendo rapidamente grazie a Facebook, e la nuova funzione Esplora permette agli utenti di trovarti tra i loro consigliati, estendendo quindi la tua esposizione quando vieni mostrato nella sezione Esplora.

Impostazioni dei Ruoli della Pagina

I ruoli nella pagina vanno scelti con attenzione, perché danno la possibilità di modificare la tua pagina agli utenti a cui hai dato i permessi. Anche se puoi avere più persone autorizzate a gestire la pagina, sarebbe meglio tenere solo te stesso come amministratore e assegnare livelli di responsabilità inferiori agli altri utenti.

Nelle varie pagine dei menu, Facebook ti fornisce una descrizione accurata dei permessi di ogni ruolo. Utilizza questa guida per assegnare il ruolo adatto a chi gestisce la tua pagina.

Persone e Altre Pagine

Questa funzione ti permette di vedere una lista completa delle persone che hanno messo mi piace alla tua pagina. Se dovessi bandire qualcuno lo puoi fare da qua.

Pubblico preferito della Pagina

Se conosci già che tipologia di utenti dovrà raggiungere la tua pagina puoi modificarne le impostazioni in modo che venga mostrata solo agli utenti interessati.

#8: Aggiungi dettagli alla pagina

Mancano solo alcune cose da fare prima di rendere pubblica la tua pagina e iniziare ad aggiungere contenuto.

Clicca su Altro nella colonna grigia sotto la tua foto profilo per aprire un menu a tendina che ti permetterà di aggiungere i dettagli finali. Inizia modificando le impostazioni della pagina.

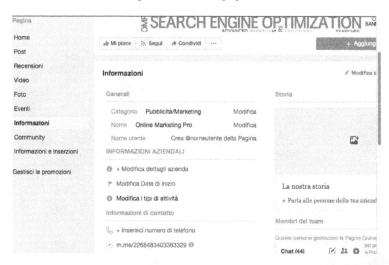

Scorri tra tutte le opzioni, ma dai particolare importanza a queste:

Sotto ad Informazioni di Contatto assicurati di aggiungere gli altri tuoi account social, in modo che le persone possano seguirti ovunque.

Collega i profili dei membri del team nella pagina per creare un marchio più forte.

Puoi aggiungere un menu, mettere in mostra i premi che hai vinto, e anche aggiungere una descrizione per i tuoi prodotti. Assicurati di usare tutte le opzioni disponibili per rendere la tua pagina unica, e ricordati

35

che puoi sempre tornare indietro per effettuare modifiche o aggiungere informazioni.

Quando sei soddisfatto con il risultato ottenuto puoi iniziare a pubblicare contenuto sulla tua pagina. Clicca su Impostazioni in alto a destra e apri il menu di Visibilità della Pagina nella sezione Impostazioni Generali. Da qui puoi rendere la tua pagina pubblica.

CONSIGLI SU COME MODIFICARE LA TUA PAGINA

Attualmente, più di 50 milioni di aziende utilizzano Facebook per connettersi con i loro clienti. È quindi abbastanza difficile attrarre nuovi utenti sulla tua pagina Facebook senza seguire una strategia adatta.

Ti suggerirò dei consigli che ti aiuteranno a fare crescere la tua pagina Facebook, ottenere più mi piace e avere più clienti fidati.

1. Usa immagini che catturano l'attenzione

Usa immagini correlate alla tua azienda e descrizioni interessanti per aumentare il numero di interazioni con i tuoi clienti. L'utilizzo di immagini interessanti è fondamentale per il marketing su Facebook.

2. Assicurati che ciò che pubblichi sia interessante

Devi riuscire ad attirare più utenti possibile, ma per fare ciò, il contenuto che pubblichi dovrà essere interessante, altrimenti anche se raggiungerai molte persone non otterrai mi piace. Dovresti quindi attirare gli utenti pubblicando contenuto che offre una soluzione ai loro problemi.

3. Usa i Plugin sul tuo sito

Facebook ti da la possibilità di mettere sul tuo sito, o su altri siti, un'icona con il simbolo del mi piace, che gli utenti potranno cliccare. Questa funzione aumenterà il numero di condivisioni che riceve il tuo contenuto e anche il numero di mi piace.

4. Aggiungi il link a tutte le mail

Questa strategia di marketing ti permetterà di attrarre nuovi utenti sulla pagina Facebook mediante l'aggiunta di un link alla tua pagina alla fine di tutte le mail che mandi. Questa strategia funziona molto bene, quindi assicurati che la firma venga aggiunta in automatico.

5. Invita i tuoi clienti ad iscriversi ad una lista

Se stai anche adottando una newsletter è fondamentale invitare i tuoi clienti a registrarsi. Ricorda che se sono tuoi clienti saranno probabilmente interessati ad iscriversi. Ti basta chiedergli di seguire la tua pagina Facebook o di scriverti un messaggio attraverso la pagina.

6. Prendi in considerazione delle collaborazioni

Questa strategia di marketing può essere vantaggiosa per entrambe le parti. Commenta i contenuti che trovi rilevanti per il settore di cui si occupa la tua azienda, e assicurati di star commentando a nome della pagina, non con il tuo profilo privato.

7. Pubblicizzati anche su altre piattaforme

Questo è uno dei trucchi per il marketing su Facebook dove devi essere più creativo. Una frase come "Metti mi piace alla nostra pagina" non è abbastanza. Devi indirizzare i tuoi contatti di LinkedIn e di Twitter verso contenuto interessante sulla tua pagina Facebook. Questo porterà molti vantaggi alla tua pagina.

8. Tieni dei concorsi

Questa è un'ottima strategia per avere più mi piace sulla tua pagina Facebook. Per fare in modo che questa strategia funzioni assicurati che i premi non siano di basso valore. Puoi promuovere il concorso attraverso il tuo sito o con le liste di email. Assicurati inoltre che mettere mi piace alla tua pagina sia un requisito per partecipare.

9. Non esagerare e ricordati della regola dell'80/20

Non dovresti creare troppi concorsi e dovresti cercare di pubblicare contenuto interessante invece di cercare solamente di vendere i tuoi prodotti. Prova ad utilizzare la regola dell'80/20, che divide i tuoi post in: 80% post di informazione e 20% post promozionali.

38

10. Collega la tua pagina aziendale al tuo profilo.

In questa strategia dovrai creare un collegamento con la tua pagina Facebook. Puoi anche collegarti alla tua località.

11. Mantieni i post brevi e concisi

Diversi studi hanno concluso che i post tra 100 e 150 caratteri sono i migliori per una pagina aziendale. Altri studi hanno invece suggerito che sotto i 50 caratteri è ancora meglio, ma è comunque importante tenere i post brevi per evitare di annoiare gli utenti.

12. Chiedi ai fan della tua pagina di menzionarti nelle loro foto.

In questa strategia dovrai necessariamente interagire con l'utenza che ti segue. Per esempio, se tieni un evento devi scattare moltissime foto da caricare sulla tua pagina, e successivamente dovrai chiedere agli utenti di condividere le foto in cui ci sono loro. Facendo così la tua pagina Facebook verrà mostrata anche agli amici dei tuoi seguaci, portando moltissima esposizione.

13. Incorpora i video

Questa funzione è molto utile. Con questa strategia dovrai caricare i video su Facebook, e una volta fatto ciò dovrai ottenere il link per incorporare il video sul tuo sito o blog. Dovresti prendere in considerazione di caricare video degli eventi, informativi, o altro contenuto che può essere utile.

14. Offri sconti

Gli sconti per gli utenti che seguono la tua pagina sono un ottimo incentivo per ottenere più mi piace. Secondo studi recenti, il 50% delle persone dichiarano che mettono mi piace alle pagine aziendali solo per i coupon di sconto.

15. Rendi la tua pagina più personale

Assicurati di includere l'aspetto umano quando gestisci la tua pagina, infatti gli utenti vorranno sapere chi gestisce una pagina. In questo modo otterrai più interazioni di quelle che otterresti presentandoti come un marchio.

16. Assicurati di inserire il link alla tua pagina Facebook anche su altre piattaforme

Questa strategia è molto diffusa ultimamente. Dovrai assicurarti di inserire il link alla tua pagina Facebook ovunque sia possibile. Puoi aggiungerlo sui biglietti da visita, sulle brochure, nelle intestazioni e su qualsiasi altro materiale che distribuisci.

17. Mostra la tua pagina Facebook nell'azienda se possibile

Se possiedi un negozio fisico dovresti scrivere da qualche parte una frase che possa incentivare i tuoi clienti a seguire la tua pagina. Puoi anche incentivare i tuoi clienti a seguire la tua pagina offrendo sconti immediati se lo fanno direttamente nel tuo negozio.

18. Controlla Facebook Insights frequentemente

Questo strumento ti permetterà di visualizzare che tipo di utenza visualizza la tua pagina e quali post ottengono più successo. Trova quale contenuto funziona meglio e cerca di pubblicarlo più spesso.

19. Ottimizza la ricerca della tua pagina di Facebook

Come anche per i siti, dovresti ottimizzare la tua pagina di Facebook per la ricerca. Ti basterà usare semplici parole chiave, come "Informazioni". Assicurati anche che siano presenti informazioni come il numero di telefono, l'indirizzo e l'hashtag di Twitter. Aggiungi il link della tua pagina Facebook sul tuo sito e su altri social network.

20. Crea un gruppo su Facebook

Solitamente i gruppi di Facebook sono tra i trucchi più efficaci per aumentare il numero di interazioni con i clienti. Dovrai quindi creare gruppi correlati alla tua azienda rivolti agli utenti. Utilizzali per aumentare la credibilità e i contatti con gli utenti.

21. Menziona altre pagine nei tuoi contenuti

Menzionando altre pagine nel tuo contenuto potresti attirare l'attenzione di chi le possiede. Utilizza questo a tuo favore per catturare l'attenzione degli utenti che seguono le altre pagine.

22. Non vendere aria

Questa è la parte in cui è necessario che il tuo contenuto sia all'altezza delle aspettative dei tuoi utenti. Questo porterà un maggior numero di mi piace e di condivisioni del tuo contenuto. In altre parole, dovrai prestare più attenzione a ciò che accade alla tua azienda e pubblicare contenuto originale.

23. Pubblica commenti su pagine che trattano della tua nicchia

Sarebbe un'ottima idea quella di lasciare dei commenti utili sulle pubblicazioni di blog che trattano della tua stessa nicchia. Assicurati di inserire il link alla tua pagina Facebook quando ti verrà richiesto di farlo.

24. Firma il tuo contenuto

Con questa strategia dovrai postare sulle pagine di altre aziende e dovrai aggiungere un @ tag alla tua pagina aziendale come firma.

25. Aggiungi una frase come "Metti mi piace alla nostra pagina" sulla pagina degli ordini del tuo sito

I clienti saranno più spinti ad interagire con la tua pagina se acquistano un tuo prodotto.

26. Considera di scambiare sponsorizzazioni

In questa strategia dovrai diventare partner con un'altra pagina Facebook del tuo stesso settore. Tutto ciò che dovrai fare sarà proporre di menzionarvi a vicenda, in modo da raggiungere più utenti, portando vantaggi ad entrambi.

27. Unisciti a gruppi aziendali rilevanti

Se riesci ad interagire con altri gruppi correlati alla tua azienda puoi riuscire a indirizzare più utenti sulla tua pagina. Se per esempio agli utenti piacerà ciò che dici cercheranno la tua pagina Facebook e lasceranno mi piace.

28. Usa gli hashtag

Gli hashtag sono diventati famosi su Twitter, ma funzionano perfettamente anche su Facebook per attirare nuovi fan.

29. Invita via mail

Puoi anche invitare altre persone a seguire la tua pagina mandandogli una mail con il link ad essa.

30. Pubblica contenuto con costanza

Se vuoi raggiungere il maggior numero di utenti possibile ricordati di pubblicare contenuto interessante con costanza e frequentemente.

Il marketing su Facebook può essere un ottimo modo per aumentare le interazioni della tua azienda con i clienti, ma la qualità della tua pagina avrà una grande influenza sui risultati. Per ottenere il massimo dalla piattaforma assicurati di pubblicare contenuto interessante e di interagire con i clienti. Ora che sai come creare e gestire la tua pagina Facebook, è il momento di iniziare a pubblicizzarla per velocizzarne la crescita.

SEZIONE 3

IMPOSTARE GLI OBIETTIVI

IMPOSTARE GLI OBIETTIVI: PARTE 1

Ora che hai una pagina puoi iniziare a creare delle inserzioni pubblicitarie su Facebook. Quello che devi fare è cliccare su Crea in alto a destra e selezionare "Inserzione".

Verrai mandato su questa pagina.

Dovrai scegliere che tipo di inserzione creare, diamo un'occhiata alle funzioni più importanti indispensabili per il tuo piano marketing.

Interazione

Notorietà	Considerazione	Conversione
Notorietà del brand	Traffico	Conversioni
Copertura	Interazione	Vendita dei catalogo
	Installazioni dell'app	Traffico nel
	Visualizzazioni del video	
	Generazione di contatti	
	Messaggi	

Se selezioni questo vuol dire che stai cercando di aumentare le interazioni che un tuo post ha ottenuto, questo viene definito da Facebook come "rinforzo". Potrebbe trattarsi di un post composto solamente da testo, foto o video (consigliato per ottenere più interazioni!). L'obiettivo principale di questi ads è quello di ottenere più mi piace e commenti su un tuo post.

Perché è importante?

Questo è importante perché fa in modo che le persone vedano i tuoi post, aumentando l'esposizione dei tuoi contenuti e spingendo le persone a mettere mi piace e seguire la pagina. Puoi anche promuovere un concorso, un articolo sul tuo blog o condividere qualcosa per raggiungere il maggior numero di utenti possibile.

Questa tipologia di inserzioni raggiungerà solo gli utenti da computer, e Facebook te la proporrà continuamente sulla tua pagina chiedendoti se vuoi aumentare il raggiungimento di un post, rendendo il tutto più semplice.

L'obiettivo successivo da raggiungere sarà quello di aumentare i mi piace sulla pagina. Anche se avere una pagina con molti mi piace non porta ad un guadagno diretto, fornirà credibilità al tuo marchio e mostrerà il contenuto che pubblichi alle persone che hanno messo mi piace. Questo è un inizio, dato che i tuoi fan più fidati potrebbero diventare tuoi clienti. Questo è un esempio di annuncio.

Puoi creare un annuncio con un titolo fino a 25 caratteri e un testo di massimo 90 caratteri. Puoi anche aggiungere un'immagine per ottenere più mi piace. Nell'angolo in alto a destra è presente un pulsante "Mi piace" che le persone potranno semplicemente cliccare per mettere mi piace alla tua pagina. Questo tipo di inserzioni vengono mostrate sia sui computer che sui dispositivi mobili.

Sarebbe meglio aggiungere un'immagine di alta qualità che rappresenta la tua azienda e con cui le persone possono rispecchiarsi. Per quanto riguarda il testo, non hai molta libertà di scelta a causa della limitazione dei caratteri, quindi dovresti scegliere qualcosa di breve e positivo. Ricordati che l'obiettivo non è quello di vendere un prodotto al momento.

Il tuo obiettivo attuale dovrebbe essere quello di costruire una solida relazione con gli utenti che ti seguono. Devi dimostrare di avere del contenuto che potrebbe interessargli e con cui si possono identificare. Otterrai più mi piace facendo ciò.

Traffico

Notorietà	Considerazione	Conversione
Notorietà del brand	Traffico	Conversior
Copertura	Interazione	Vendita dei catalogo
	Installazioni dell'app	Traffico nel
	Visualizzazioni del video	
	Generazione di contatti	

Quando crei una pagina Facebook aziendale, l'obiettivo principale sarà quello di portare il traffico dal sito a Facebook, in modo da generare

47

delle vendite. Sono presenti diverse tipologie di ads che ti permettono di indirizzare gli utenti al tuo sito.

Usare annunci di Facebook con un link è la scelta più gettonata per raggiungere questo obiettivo. Dovrai scegliere un'immagine che rappresenta il settore della tua azienda e un titolo accattivante. Puoi successivamente aggiungere del testo per fornire una migliore descrizione di ciò che gli utenti troveranno una volta cliccato sul link. Questo tipo di annuncio è disponibile sia per gli utenti da computer che per quelli da dispositivi mobili.

La pubblicità a carosello è un'altra ottima alternativa. Se hai diversi prodotti che vuoi mettere un mostra puoi mostrare le foto di ognuno con il proprio link separatamente, ma nello stesso annuncio. Gli utenti potranno poi scorrere tra le foto per vedere i diversi prodotti. Questo annuncio funziona su tutti i dispositivi.

Puoi selezionare anche il Canvas di Facebook, che ti permetterà di raccontare la storia dietro la tua azienda in modo più coinvolgente agli utenti su dispositivi mobili. Questa tipologia di annuncio ti permetterà di selezionare la modalità con cui vuoi che il tuo contenuto venga mostrato in 8 modi diversi.

Conversioni

Facebook ha anche degli annunci che sono ottimi per incoraggiare gli utenti a compiere azioni specifiche sul tuo sito. Per esempio potresti impostare un annuncio per incoraggiare le persone a cliccare un link sul tuo sito che manderà una mail al loro indirizzo di posta elettronica. In questo modo potrai creare una lista di mail, e far registrare le persone al tuo sito allo stesso tempo.

La creazione di questi ads sarà simile alla creazione di quelli che portano visite al sito, ma potrai essere più sicuro che il messaggio incoraggi gli utenti a compiere una determinata azione, come una registrazione. Sia l'immagine che il testo devono essere ottimizzati per questo scopo. Dovrai anche assicurarti che il link porti gli utenti sul sito dove compiere l'azione, e dovrai installare un "pixel di tracciamento" fornito da Facebook che servirà a misurare quanti utenti hanno compiuto l'azione grazie all'annuncio.

IMPOSTARE GLI OBIETTIVI: PARTE 2

Abbiamo capito che gli obiettivi degli annunci sono molto importanti per ottenere più mi piace, seguaci, conversioni e visite sul sito. Ora approfondiremo l'argomento delle installazioni delle applicazioni, delle interazioni e di come aumentare le visualizzazioni dei video per la tua azienda.

Installazioni delle applicazioni

Notorietà	Considerazione	Conversione
Notorietà del brand	Traffico	Conversioni
Copertura	Interazione	Vendita dei prodotti del catalogo
	Installazioni dell'app	Traffico nel punto vendita
	Visualizzazioni del video	
	Generazione di contatti	
	Messaggi	

Se la tua azienda ha un'applicazione, è importante che questa abbia molte installazioni, ma questo può essere difficile da ottenere. Qui è dove entrano in gioco gli ads per le applicazioni, puoi dare esposizione alla tua applicazione e renderne più semplice l'installazione. L'annuncio verrà mostrato solo agli utenti da dispositivi mobili, che potranno cliccare il pulsante interattivo per essere portati sull'App Store.

Un'immagine di alta qualità può rendere il tuo annuncio molto più efficace, in particolare se ritrae qualcuno che sta usando l'applicazione. Includi anche una breve spiegazione dell'applicazione nella descrizione e un pulsante che porta alla pagina di installazione. Ricorda che la valutazione della tua applicazione sull'App Store o su Google Play apparirà automaticamente sul tuo annuncio.

50

Devi anche prestare particolare attenzione ai criteri che imposti per selezionare l'utenza da raggiungere. Puoi scartare le persone che hanno già installato l'applicazione, o puoi selezionare di raggiungere le persone che interagiscono con la tua pagina, ma che non hanno ancora installato l'applicazione. Questo ti permetterà di ottenere la maggiore rendita di prezzo/installazioni.

Nel suddetto obiettivo rientra anche il seguente.

Interazioni con l'applicazione

Gli annunci per aumentare le interazioni con l'applicazione sono ottimi per aumentare il tempo di attività sulla tua applicazione. Questo tipo di annunci è consigliabile se la tua applicazione ha già un buon numero di installazioni. Questi ads sono simili a quelli precedenti, ma invece di mandare gli utenti all'installazione dell'applicazione, puoi decidere di mandarli in una determinata sezione dell'applicazione.

Un'udienza personalizzata fa in modo che questo annuncio raggiunga le persone corrette. Puoi mirare a fattori come la frequenza con cui un utente utilizza l'applicazione, o come l'utente aveva reagito ad annunci creati in precedenza.

Traffico nel punto vendita

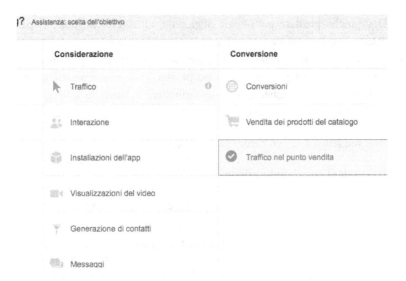

Considerazione	Conversione
Traffico	Conversioni
Interazione	Vendita dei prodotti del catalogo
Installazioni dell'app	Traffico nel punto vendita
Visualizzazioni del video	
Generazione di contatti	
Messaggi	

La pubblicità su Facebook può anche essere molto utile per i business con presenza fisica. Se la tua azienda opera in una zona precisa puoi creare campagne pubblicitarie che raggiungono gli utenti presenti nelle vicinanze.

Sull'annuncio puoi inserire un'immagine, un titolo, una descrizione e un pulsante che porta ad un'azione. Come sempre, l'immagine dovrebbe essere di alta qualità e mettere in mostra il tuo marchio. Questi ads sono disponibili sia per computer che per dispositivi mobili. La selezione dell'udienza è un fattore fondamentale in questo tipo di annunci, un venditore potrebbe ad esempio mirare alle persone che vivono nella zona in cui opera.

Visualizzazioni video

Notorietà	Considerazione	Conversione
Notorietà del brand	Traffico	Conversioni
Copertura	Interazione	Vendita dei prod
	Installazioni dell'app	Traffico nel punt
	Visualizzazioni del video	
	Generazione di contatti	

Una delle attività più comuni su Facebook è quella di guardare video. Grazie a questa tipologia di annunci puoi promuovere i tuoi video, aumentando la credibilità della tua azienda, condividendo esperienze dei tuoi clienti, e ottenendo più interazioni da parte degli utenti. Potresti usare questi annunci per vari motivi, ma è sconsigliato usarli per vendere dei prodotti se il tuo obiettivo è quello di ottenere visualizzazioni. Sarebbe meglio invece pubblicare video informativi, che potrebbero essere trovati interessanti dagli utenti. Ricorda che lo scopo dei social network è quello di creare legami tra le persone e le aziende, da cui poi derivano le vendite. Questi annunci possono essere visualizzati sia su computer che su dispositivi mobili.

IMPOSTARE GLI OBIETTIVI: PARTE 3

Questa terza parte sull'impostazione degli obiettivi negli annunci di Facebook, tratterà della promozione di un evento, della generazione di una lista di utenti e dell'aumento della visibilità dell'azienda. Iniziamo.

Promuovere un evento

Può essere difficile promuovere un evento. Il successo dipende da quante persone parteciperanno, e per fare in modo che questo aspetto fondamentale non venga trascurato devi assicurarti che giri la voce di quello che stai organizzando. Fortunatamente gli annunci degli eventi su Facebook rendono la diffusione delle informazioni più rapida che mai, permettendoti di raggiungere l'utenza desiderata direttamente su Facebook.

Per promuovere qualsiasi tipo di evento puoi utilizzare questa tipologia di annunci. Potrebbe essere un concerto per cui bisogna acquistare dei biglietti, o semplicemente un evento che si terrà nella tua azienda. L'annuncio è composto da un'immagine, un titolo e una descrizione. Verrà anche mostrata la data e l'ora dell'evento, e può includere un pulsante che permette agli utenti di mostrare se sono interessati a partecipare all'evento. Assicurati che nel titolo e nella descrizione sia descritto il motivo per cui gli utenti dovrebbero partecipare. Questo annuncio può essere visualizzato sia su dispositivi mobili che su computer.

Generazione di contatti

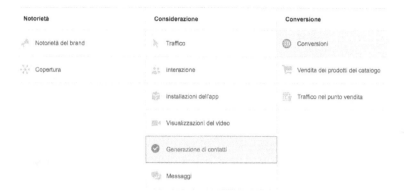

Notorietà	Considerazione	Conversione
Notorietà del brand	Traffico	Conversioni
Copertura	Interazione	Vendita dei prodotti del catalogo
	Installazioni dell'app	Traffico nel punto vendita
	Visualizzazioni del video	
	Generazione di contatti	
	Messaggi	

Se vuoi creare una lista di utenti interessati in un prodotto o ad un evento, Facebook ti offre la possibilità di creare un annuncio sul quale gli utenti possono cliccare un pulsante per permettere a Facebook di condividere con te informazioni come il nome, l'indirizzo di posta elettronica e il numero di telefono, senza dover riscrivere tutti i dati in un modulo.

Se su Facebook non sono presenti le informazioni che ti servono, la piattaforma fornisce all'utente la possibilità di inserire dati aggiuntivi manualmente. Questo tipo di annuncio potrebbe ad esempio servire ad una compagnia che vuole raggiungere più utenti con la sua newsletter. L'annuncio può contenere informazioni riguardo il contenuto che gli utenti registrati riceveranno, una foto dell'azienda e un pulsante per registrarsi. Tutto quello che l'utente deve fare è cliccare il pulsante e verrà aggiunto alla lista.

Questo annuncio è visibile sia su computer che su dispositivi mobili, e possono essere inseriti un titolo, una descrizione e un'immagine. Ti basterà selezionare che azione dovranno compiere gli utenti che cliccano il pulsante ed avrai fatto.

Notorietà del brand

Notorietà	Considerazione	Conversione
✅ Notorietà del brand	Traffico	🌐 Conversioni
Copertura	Interazione	🛒 Vendita dei prodotti de
	Installazioni dell'app	Traffico nel punto vend
	Visualizzazioni del video	
	Generazione di contatti	

Infine abbiamo l'annuncio per aumentare la visibilità dell'azienda. L'idea di questa tipologia di annunci è quella di aumentare il numero di utenti che saranno a conoscenza della tua azienda. Dall'annuncio possono essere ottenute interazioni e conversioni, ma non sono l'obiettivo principale. Quello a cui dovresti mirare con questo tipo di pubblicità è il raggiungimento di un maggior numero di utenti. I risultati ottenuti saranno utili nel futuro.

Per questo annuncio le immagini e i video vanno più che bene. Puoi pubblicizzare un servizio o un prodotto e incoraggiare gli utenti a mettere mi piace e condividerlo. Oppure potrebbe essere semplicemente una frase che ricorda ai tuoi clienti della tua presenza. Puoi aumentare la tua visibilità in vari modi, ma il migliore è quello di farlo con una campagna pubblicitaria costante.

Ora che sai che risultati puoi ottenere con gli annunci di Facebook, ti basterà decidere l'utenza che vuoi raggiungere e il tipo di campagna che vuoi creare. Una volta stabilito ciò dovrai creare gli annunci selezionando il tipo di traffico che vuoi ricevere, selezionando il paese, la valuta e la fascia oraria del tuo account pubblicitario.

Seleziona le informazioni corrette e clicca "continua". Verrai portato alla prossima sezione, in cui dovrai stabilire che tipo di copertura vuoi ricevere. Nelle prossime pagine tratteremo di come scegliere l'utenza adatta.

SEZIONE 4

COPERTURA

RAGGIUNGERE GLI UTENTI

A differenza del marketing convenzionale, che solitamente si basa sulla ricerca di parole chiave da parte degli utenti, gli ads su Facebook sono basati sul trovare l'utenza che potrebbe essere più interessata al tuo prodotto. Le scelte che prenderai influiranno sui risultati della tua campagna.

Come selezionare l'utenza

Dopo aver creato il tuo account per gli annunci e aver selezionato il tipo di ads che vuoi creare (come descritto nella sezione 3) dovrai selezionare quale categoria di utenti vuoi raggiungere.

Opzioni di coperture

Di seguito troverai le caratteristiche che puoi selezionare per raggiungere l'utenza desiderata:

✓ Luogo

✓ Età

✓ Sesso

✓ Lingua

✓ Dati demografici

✓ Comportamento

✓ Connessioni

Se selezioni le opzioni dal menu, queste verranno aggiunte o rimosse tra i filtri. Il gruppo diventerà sempre più piccolo e specifico man mano che aggiungi criteri.

Come creare un pubblico

1. Inizialmente, dovrai selezionare l'area in cui si trovano gli utenti da raggiungere.

2. Puoi selezionare l'età degli utenti da raggiungere dopo aver scelto l'area geografica.

3. Nella sezione successiva potrai decidere se il tuo annuncio verrà mostrato a uomini, donne o entrambi.

4. Se vuoi aggiungere altri filtri demografici puoi aggiungere fattori come educazione scolastica, lavoro e molto altro.

5. Potrai poi passare alla fase successiva, dove deciderai gli interessi delle persone da raggiungere. Se pensi che gli utenti con degli interessi particolari saranno più portati ad interagire, selezionali da questa pagina.

6. Puoi selezionare il comportamento online degli utenti che vuoi raggiungere. Questo include anche il dispositivo che usano o i loro acquisti.

7. Infine potrai decidere se vuoi raggiungere gli utenti in base alle loro interazioni con la tua pagina. Puoi mirare ad utenti che: hanno messo mi piace alla pagina, non hanno mai interagito con la pagina, oppure tutti indipendentemente dalle interazioni.

Pagine Facebook ▼   ×

Connessioni ❶   Escludi le persone a cui piace la tua Pagina ▼

Aggiungi una Pagina

Salva questo pubblico

Il marketing su Facebook funziona al meglio quando riesci a raggiungere l'utenza desiderata. Vedremo in dettaglio tutti i filtri applicabili e come possono essere usati nel migliore dei modi per dare ottimi risultati.

CRITERI DI COPERTURA: PARTE 1

In questa sezione approfondiremo i criteri utilizzati per scremare l'utenza in modo da creare una base di utenti perfetta per gli annunci che userai, in particolare in base ai loro interessi e alla posizione.

Posizione

Gli annunci mirati a chi abita in determinate aree sono fondamentali per raggiungere un'utenza che potrebbe essere interessata nei tuoi contenuti. Se possiedi un'azienda che lavora solo nelle zone circostanti alla sede dovrai selezionare l'area di interesse più adatta, se invece la tua compagnia lavora in tutto il mondo dovrai selezionare le aree che saranno più propense ad interagire con il tuo contenuto.

Puoi filtrare paesi, stati o province, città e codici postali nella copertura dele tue ads. Puoi anche selezionare di raggiungere solo chi vive entro un certo raggio e escludere certi luoghi. Puoi anche decidere di raggiungere chi vive in quel luogo, chi lo ha recentemente visitato o chi non ci è mai andato.

Facebook sostiene che la posizione degli utenti è accurata e calcolata utilizzando gli indirizzi IP dell'utente. Anche se selezionare l'area corretta può sembrare semplice, non devi lasciarti ingannare. Un minimo errore può avere una grande influenza sui risultati dell'intera campagna. Ora analizziamo gli interessi.

Interessi

Puoi iniziare a filtrare gli utenti in base ai loro interessi dopo aver selezionato le preferenze geografiche. Questo strumento è molto importante e ti permette di mostrare i tuoi annunci soltanto a persone che sono interessate alla nicchia di cui ti occupi. Per esempio, se un'azienda vende attrezzature per il nuoto, dovrà selezionare gli utenti che hanno interesse nel nuoto per fare in modo che l'annuncio dia i risultati desiderati. Facebook utilizza molti fattori per cercare di capire quali sono gli interessi degli utenti. Prende in considerazione le pagine a cui hanno messo mi piace, il modo in cui interagiscono sulla piattaforma e le pubblicità che hanno cliccato.

Hai una vasta gamma di categorie di interesse tra cui puoi scegliere, e le categorie generali hanno molte altre sotto-categorie. Eccone alcune:

✓ Aziende ed Industrie

✓ Intrattenimento

✓ Famiglia e Relazioni

✓ Sport e Salute

✓ Mangiare e Bere

✓ Hobby e Passatempi

✓ Acquisti e Stile

✓ Sport e Attività

✓ Tecnologia

Le sotto-categorie possono essere molto utili per scremare ulteriormente gli utenti che vuoi raggiungere. Puoi selezionare "Mangiare e Bere" e poi "Bevande Alcoliche" e infine "Vino". Questa funzione ti da la possibilità di raggiungere utenti con interessi molto specifici. In questo caso, chi vuole raggiungere solamente chi è interessato nel vino, non dovrà spendere soldi inutilmente per mostrare il suo annuncio anche a chi è interessato solamente alla birra o alle bevande alcoliche in generale.

Quindi la possibilità di selezionare nel dettaglio che interessi deve avere l'utenza che vuoi raggiungere e in che area deve essere situata può farti ottenere il massimo dalla tua campagna pubblicitaria. Ma sono presenti anche altri strumenti utili per il marketing che possono aumentare le conversioni e farti risparmiare.

CRITERI DI COPERTURA: PARTE 2

Benvenuto alla parte 2 riguardante i criteri di copertura. Ora approfondiremo l'aspetto dei comportamenti degli utenti.

Comportamenti

Facebook offre la possibilità di filtrare gli utenti che visualizzeranno le tue ads anche in base alle loro attività. Potrebbe trattarsi semplicemente degli acquisti che fanno, di dove viaggiano, del dispositivo che usano o di molti altri fattori. Facebook riesce a creare un'identità per i suoi utenti anche in base alle informazioni che gli vengono condivise da software di terze parti.

Nei filtri di selezione delle attività puoi scegliere tra diverse categorie, che ti permetteranno di raggiungere utenti più interessati al tuo prodotto e più propensi ad interagire con la tua pagina.

Le categorie principali tra cui puoi scegliere sono:

✓ Abitudini di Acquisto

✓ Affinità multiculturale

✓ Altre categorie

✓ Anniversario

✓ Attività digitali

✓ Classificazione Cliente

✓ Espatriati

✓ Soccer

✓ Utenti da Dispositivi Mobili

✓ Viaggi

Immaginati di dover promuovere una crociera primaverile che si svolgerà tra qualche mese come esempio da utilizzare. Puoi scegliere le attività correlate a "viaggi" e cercare la sotto-categoria più adatta. Selezionare i "viaggiatori abituali" o chi è appena tornato da una vacanza può essere un'opzione, dato che quando si è appena tornati dalle vacanze si vuole già pensare a dove si andrà in vacanza la volta dopo, e magari si inizia a pianificare un viaggio.

Quando selezioni i filtri per le attività ti verrà mostrato il numero di utenti che puoi raggiungere e delle caratteristiche generali di questo tipo di utenza. Cerca di capire le attività abituali dei tuoi clienti per scegliere correttamente i filtri da usare.

Utenza personalizzata

Puoi decidere che utenza raggiungere con gli ads di Facebook anche in base alle loro interazioni precedenti con la tua pagina. Puoi distinguere tra chi ha già interagito con la tua pagina e chi non la ha mai visitata, ma ricorda comunque di selezionare interessi correlati al contenuto che pubblichi. Per creare un nuovo gruppo di utenti clicca su "Aggiungi" sotto la sezione "Utenza personalizzata".

Puoi scegliere se creare un'utenza personalizzata o una simile ad una già creata in precedenza. Questa funzione è utile sia per convertire i tuoi seguaci in vendite, che per ottenere più mi piace e guadagnare visibilità.

66

Crea nuovo   Usa un pubblico salvato ▼

Pubblico personalizzato ⓘ

Aggiungi un pubblico personalizzato o simile creato in precedenza

Tutte   Pubblico simile   Pubblico personalizzato

CRITERI DI COPERTURA: PARTE 3

Se vuoi fare in modo di ottenere il profitto massimo con gli ads di Facebook devi assicurarti che la copertura dele tue ads sia abbastanza ampia da garantire molta visibilità, ma che miri ad utenti che sono interessati in ciò che hai da proporre. Nelle prossime pagine capirai meglio come funzionano i filtri demografici e la loro importanza.

Dati demografici

I dati demografici degli utenti permettono a Facebook di fornirti un'opzione di filtraggio molto importante. Tra questi dati sono incluse le informazioni personali che sono pubbliche sul profilo.

Avrai la possibilità di selezionare un'età massima e minima degli utenti che vuoi raggiungere. Non è necessario farlo e l'età massima può comunque essere ignorata. Il sesso è una scelta semplice, puoi decidere se il tuo annuncio verrà visto solo da uomini, donne o entrambi.

Dopo aver compilato questi campi puoi aggiungere filtri ancora più specifici, come le relazioni sentimentali, l'educazione e la carriera lavorativa.

Per esempio, se sai che la tua utenza desiderata ha un livello di istruzione di un certo tipo, puoi andare alla voce Istruzione e selezionare il livello minimo delle persone che visualizzeranno la tua pubblicità. Se non sei sicuro sul livello di istruzione medio dei tuoi clienti o sulla loro età media è meglio lasciare queste impostazioni vuote per poter raggiungere più persone.

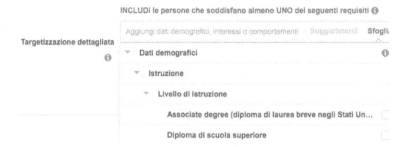

INCLUDI le persone che soddisfano almeno UNO dei seguenti requisiti

Targetizzazione dettagliata

Aggiungi dati demografici, interessi o comportamenti   Suggerimenti   Sfogli

⏷ Dati demografici

⏷ Istruzione

⏷ Livello di istruzione

Associate degree (diploma di laurea breve negli Stati Un...

Diploma di scuola superiore

Puoi controllare i dati su Facebook Insights per cercare di capire che utenza interagisce con la tua pagina e con i tuoi annunci, per poter poi sistemare di conseguenza i filtri degli ads.

Copertura

La dimensione del gruppo di utenti che raggiungerai con i tuoi annunci dipende dai vari filtri che ha impostato. Verranno rimossi o aggiunti degli utenti al gruppo in base alle scelte che prendi, quindi è importare tenere sotto controllo il numero di utenti che potrai raggiungere per evitare di esagerare o di non fare abbastanza.

Puoi vedere il numero di persone che potranno essere raggiunte dale tue ads dalla barra di destra. Troverai una sezione riguardante il numero di utenti raggiungibili e lo vedrai cambiare in base alle opzioni che aggiungerai o rimuoverai.

Vedrai anche un indicatore che ti mostrerà se il numero degli utenti è troppo ampio o troppo ristretto. Sotto potrai trovare maggiori informazioni sugli utenti che raggiungerai, che saranno il numero massimo di persone raggiungibili. Potrai osservare in tempo reale come ogni scelta che fai cambia la posizione della lancetta sull'indicatore e il numero di utenti raggiungibili.

Il concetto generale sarebbe quello di raggiungere il maggior numero di persone possibile, escludendo gli utenti che non hanno interessi relativi a quelli che servono per al tua pagina. Può essere difficile imparare a usare i filtri correttamente all'inizio, ma Facebook fornisce molti strumenti che ti possono aiutare a capire che risultati potrai ottenere con le diverse campagne in modo da definire un'utenza buona anche senza conoscenze in materia.

Posizionamento

In questa sezione potrai decidere in che parte dalla pagina di Facebook mostrare le tue ads. Se non sei sicuro su che posizione scegliere, è meglio lasciare la decisione a Facebook almeno fino a quando non avrai degli Insights che potrai utilizzare per capire quale posizione funziona meglio.

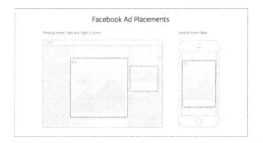

Avrai cinque opzioni tra cui scegliere. Le tre opzioni principali includono la home per computer, la colonna di destra, sempre per computer, e la home su dispositivi mobili. La posizione dovrà essere scelta in base all'obiettivo degli annunci. Dai un'occhiata a degli esempi per capire meglio il posizionamento e scegliere quello più adatto a te.

Home su computer

Questo tipo di ads apparirà nella home delle persone che accedono da computer, in mezzo ai post delle altre pagine e dei loro amici. Dovrai scegliere da dove vuoi che le persone visualizzino i tuoi annunci, e in particolare considerare se questa opzione è profittevole. Quando cerchi di ottenere più risultati con gli ads, se vorrai ottenere visite al tuo sito, interazioni con i post, offrire sconti o ottenere visualizzazioni sui video questa opzione è la migliore.

Home su dispositivi mobili

La home sui dispositivi mobili ti permettere di raggiungere gli utenti ovunque siano. Quando accedi a Facebook da smartphone o da tablet vedrai che nella tua home sono presenti diversi ads. Questo annuncio è ottimo per ottenere visite al tuo sito, interazioni con i post, offrire sconti, aumentare le interazioni con la tua applicazione, aumentare le visualizzazioni dei video o promuovere offerte.

Colonna di destra

Infine, sui computer puoi posizionare i tuoi annunci nella colonna di destra, che non può essere visualizzata sui dispositivi mobili. Questa opzione è utile per ottenere mi piace, aumentare le visite al tuo sito, promuovere un evento e portare a compiere azioni sul tuo sito. La home di Facebook è probabilmente la posizione che viene vista meglio, ma non è sempre la scelta migliore.

La home sui dispositivi mobili è chiaramente migliore per gli ads che mirano a far compiere azioni specifiche per smartphone e tablet. Gli ads nella colonna di destra sono quelli più limitati, ma sono anche i più economici e possono essere utili per obiettivi particolari.

Ora che hai imparato le posizioni disponibili per gli annunci e come usarle inizierai a leggere la sezione 5, dove imparerai come impostare il tuo budget e secondo che criteri.

SEZIONE 5

IMPOSTARE UN BUDGET

IMPOSTARE UN BUDGET: PARTE 1

Molte persone si concentrano troppo sulla creazione di un annuncio perfetto, selezionando l'utenza corretta e creando contenuto originale e interessante, ma non considerano un aspetto molto importante: il budget. Se il tuo budget è impostato o suddiviso male, potresti rischiare di pagare troppo, o di non ottenere l'esposizione che avresti voluto.

3 Componenti per il budget

Quando crei una campagna pubblicitaria su Facebook devi impostare un budget basandoti su tre fattori principali. Questi sono: l'obiettivo degli annunci, l'ottimizzazione e il prezzo per azione.

1. Obiettivo degli ads

La prima decisione che dovrai prendere è l'obiettivo della campagna. Questo farà variare i prezzi per ottimizzare gli annunci. Mediante questa scelta permetti a Facebook di sapere cosa vuoi ottenere con gli ads. Degli esempi possono essere: visite alla pagina, link al sito, installazioni dell'applicazione, e molti altri.

2. Ottimizzazione

Puoi anche dire a Facebook cosa è più importante ottenere per te. Per esempio, se vuoi ottenere visualizzazioni sul sito, potrai ottimizzare l'annuncio per ottenere:

• Click sul link che porta al tuo sito

• Più visualizzazioni possibili sull'annuncio

• Utenti nuovi raggiunti ogni giorno in modo che lo stesso utente non veda lo stesso annuncio per due volte

3. Prezzo per azione

Il tipo di azione per cui pagherai ti permetterà di impostare quanto pagherai per i risultati che vuoi ottenere. Se prendi in esempio un

74

annuncio per ottenere visite sul tuo sito, potresti decidere di pagare per il numero di visualizzazioni dell'inserzione o per il numero di visite sul sito. Nel primo caso dovresti pagare un determinato prezzo ogni 1000 visualizzazioni, mentre nel secondo pagheresti per ogni visita sul tuo sito.

Opzioni diverse per inserzioni diverse

Come detto in precedenza, gli utenti che vorrai raggiungere influenzeranno il modo in cui dovrai farlo e i prezzi. Vediamo degli esempi di come possono variare le tue scelte in base agli obiettivi.

Ci sono alcune scelte comuni quando si tratta di ottimizzare gli annunci, ma ce ne sono anche di specifiche. Ottimizzare le impressioni, i click e la copertura sono alcune delle opzioni più diffuse. Altre opzioni più specifiche potrebbero essere il costo per conversione, o il costo per mi piace, che ti dovrebbero permettere di ottenere più interazioni.

Vale lo stesso anche per quanto riguarda i costi. Le azioni per cui si paga più comuni sono le visualizzazioni o le interazioni. Tuttavia, ci sono delle opzioni più specifiche, come il pagare per le installazioni, per la visualizzazione di un video o per un'interazione specifica, che ti permettono di raggiungere obiettivi più specifici.

I metodi più efficaci

Dato che ogni obiettivo può essere ottenuto con metodi e opzioni diverse, devi prendere in considerazione i risultati che vuoi ottenere e le varie opzioni che hai a disposizione prima di decidere quale possa essere la migliore. Anche se dipendono da molti fattori, ci sono dei metodi per ottimizzare il costo delle pubblicità.

Per le impressioni

Se il tuo obiettivo principale è quello di riuscire a far vedere il tuo annuncio al maggior numero di utenti possibili, il miglior metodo per farlo è quello di impostare il pagamento in base alle visualizzazioni. Facebook mostrerà l'annuncio a più persone e tu pagherai in base a quello. Di seguito trovi un esempio di annuncio per aumentare la presenza del marchio online. Ti verranno accreditate delle spese in base al numero di impressioni che le tue ads ricevono.

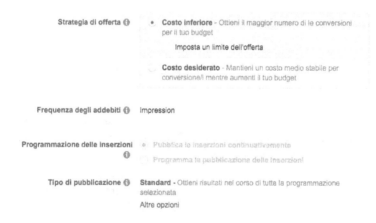

Per i click

Se il tuo obiettivo è quello di far visitare il tuo sito da più persone possibili allora dovrai selezionare di pagare per ogni click. Facebook ottimizza la distribuzione degli annunci per fare in modo che gli utenti clicchino sul link del tuo sito. Di seguito troverai un esempio di come appare un annuncio impostato per questo tipo di campagna.

76

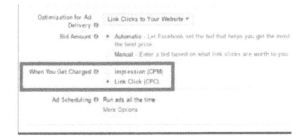

Per azioni specifiche

Se invece vuoi ottenere un numero maggiore di azioni specifiche, come ad esempio le installazioni per la tua applicazione, o la partecipazione ad un concorso, dovrai ottimizzare gli annunci per le azioni specifiche. I migliori risultati arriveranno perché Facebook cercherà di spingere gli utenti a compiere quelle determinate azioni. Di seguito trovi un esempio di ciò che è stato appenaspiegato.

L'impostazione di base selezionata da Facebook è quella delle impressioni, quindi devi prestare particolare attenzione alle opzioni disponibili e scegliere quella più adatta al tuo tipo di campagna.

Ora che abbiamo analizzato le basi del funzionamento del costo delle inserzioni andremo a vedere come funziona la distribuzione degli ads e come scegliere un budget.

IMPOSTARE UN BUDGET: PARTE 2

Il budget che imposterai influenzerà di molto la tua strategia di marketing. Ora ti spiegherò più nel dettaglio in che modo queste scelte portano a risultati diversi.

Budget e opzioni di ottimizzazione

Hai una miriade di opzioni che puoi selezionare per impostare un budget totale, uno giornaliero, e il prezzo per ogni azione. Queste opzioni unite giocheranno un ruolo fondamentale sull'efficacia della tua strategia e su come spendi i tuoi soldi. Analizziamole nel dettaglio.

Limiti

Hai molta libertà di scelta quando devi impostare i limiti di spesa su un annuncio su Facebook. Ogni campagna pubblicitaria avrà un suo budget. Con un budget complessivo puoi dire a Facebook quanto vorrai spendere in totale sugli ads, mentre con il budget giornaliero puoi impostare quanto vuoi spendere al massimo ogni giorno.

Puoi anche impostare un limite di spesa per tutta la durata dell'account oltre ai budget suddivisi per ogni annuncio o campagna pubblicitaria. Per esempio, se metti un limite sull'account di 100$, tutti gli annunci verranno sospesi dopo aver raggiunto quella soglia. Questo vuol dire che anche se avevi tre ads attivi con un budget di 40$ ciascuno, si sarebbero comunque fermati a 100$, anche se il loro totale sarebbe stato di 120$. Per modificare questa impostazione vai nella sezione dei pagamenti sul tuo account.

Limite di spesa

Clicca su "imposta limite d'offerta" e ti verrà mostrata questa finestra dove puoi impostare la quantità massima che vuoi spendere.

Standard vs. Accelerato

Strategia di offerta ⓘ   **Costo inferiore** - Ottieni il maggior numero di impression per il tuo budget ⓘ

✓ Imposta un limite dell'offerta

€ 2,00   per 1000 impression

Non offriremo più di questo importo per ogni 1000 impression. Se questo importo è troppo esiguo, potresti riscontrare problemi con la spesa del tuo budget.

Hai anche la possibilità di impostare la velocità di consegna dell'annuncio. Di base, Facebook distribuisce gli annunci in modo uniforme per tutta la loro durata, ma se imposti la consegna rapida farà in modo di raggiungere il numero desiderato di persone il più in fretta possibile. Questa pratica può peggiorare i risultati che si ottengono, ma è fondamentale per contenuti che hanno una durata relativamente limitata, come un evento. Per selezionare questa opzione, nella sezione Budget clicca su "mostra opzioni avanzate" e vedrai la sezione avanzata, in cui la puoi attivare o disattivare.

Prezzo per azione

80

Puoi scegliere se vuoi che la selezione del prezzo per le azioni sia impostata automaticamente, o se la vuoi impostare manualmente. Se è automatica Facebook si occuperà di gestire il prezzo per le visualizzazioni e le azioni sui tuoi annunci, ma se sei già in grado di impostarla manualmente potrai impostare te questi valori. Puoi trovare questa opzione nel menu mostrato di seguito.

Il costo per azione che imposterai influenzerà direttamente il modo in cui il tuo budget verrà usato. Ora che conosci quali sono i fattori che possono modificare il tuo budget è il momento di capire come impostare il prezzo per azione in modo efficiente.

81

IMPOSTARE UN BUDGET: PARTE 3

Le scelte che prenderai durante la creazione del tuo annuncio influiranno non solo sui risultati, ma anche sul prezzo. In questa sezione spiegherò come impostare il prezzo per azione più adatto alle tue necessità e come ottenere ottimi risultati grazie a questa funzione.

Il marketing su Facebook è un'asta

Quando imposti il prezzo massimo che vuoi pagare per i tuoi annunci è come se stessi partecipando ad un'asta. Facebook vende il posto delle pubblicità sulla sua applicazione e sul suo sito, ed è come se tu stessi competendo con gli altri venditori per comprare questo spazio.

Facebook ha più di un miliardo di utenti, c'è quindi molto spazio pubblicitario disponibile per la vendita, ma in certe situazioni la domanda di mercato è talmente alta che Facebook potrebbe non essere in grado di soddisfarla. Quando imposti un prezzo massimo non scegli quanto pagare, imposti semplicemente un limite oltre il quale non vuoi andare. Facebook proverà a mostrare il tuo annuncio al prezzo più basso possibile.

Se il tuo annuncio compete per lo stesso spazio con l'annuncio di qualcun altro allora tra i due vincerà quello con prezzo massimo maggiore. Se imposti un prezzo troppo alto potresti ottenere lo spazio comunque, ma rischiando di pagare un prezzo eccessivo rispetto al profitto che ne trarresti.

3 Fattori chiave per stabilire il valore di un annuncio

Facebook possiede un'enorme quantità di spazi pubblicitari, per i quali competono molti annunci contemporaneamente, ma a differenza di un'asta tradizionale, Facebook stabilisce il valore complessivo di un annuncio in base a molti fattori diversi.

Prezzo

Il prezzo che hai impostato è uno dei fattori che influiscono sul valore del tuo annuncio. Questo valore permette a Facebook di sapere quanto è il massimo che sei disposto a pagare per ottenere un posto pubblicitario. Se imposti la selezione automatica, Facebook modificherà il prezzo per ogni azione, in modo da assicurarti la massima esposizione per il minimo costo. Se utilizzi la selezione manuale sei te invece a stabilire questo valore in base ai risultati che vuoi ottenere.

Qualità e rilevanza

Per determinare il valore complessivo del tuo annuncio, Facebook utilizza la qualità dell'annuncio e l'interesse che l'utente potrebbe avere in esso. Se l'annuncio riceve scarse risposte allora perderà valore. Se un utente ha pubblicato molti ads, i suoi annunci avranno un valore maggiore.

Stima delle azioni sull'annuncio

Facebook utilizza il calcolo del valore degli annunci per stimare la probabilità che un utente interagisca con l'annuncio, in base all'azione per cui è stato creato. Se la probabilità che l'utente interagisca con l'annuncio è alta allora il suo valore aumenterà, e viceversa.

Ottenere il posto e pagare

Facebook prende in considerazione questi fattori e fornisce all'annuncio il valore calcolato. Questo vuol dire che anche se un altro utente ha pubblicato un annuncio che compete con il tuo, ma con un prezzo più alto e una qualità inferiore, potrebbe comunque prevalere il tuo. Facebook non ti farà sempre pagare il valore massimo, ma solamente il valore necessario per vincere il posto. In realtà, devi pagare anche di meno, dato che Facebook fa pagare il valore che sarebbe stato necessario per vincere la posizione.

Il tuo obiettivo deve essere quello di riuscire ad ottimizzare gli ads per ottenere i migliori risultati possibili senza spendere troppo. Questo vuol dire che devi riuscire a creare contenuto di qualità utile agli utenti, ma senza spendere troppo. Ora che sai anche come funzionano le aste per gli annunci approfondiremo il tema della creazione dell'annuncio.

SEZIONE 6

PROGETTARE GLI ADS

TIPI DI ANNUNCI

Benvenuto alla sezione 6, che tratterà della progettazione di un annuncio. Facebook offre una vasta scelta di tipologie di annunci, che ti permetteranno di raggiungere diversi obiettivi. Quindi la campagna pubblicitaria che andrai a creare andrà ad influire sui risultati che otterrai e sul costo.

Link

Gli ads che contengono un link sono i più popolari tra tutti quelli presenti su Facebook, e costituiscono circa il 75% di tutti gli ads. Questi annunci contengono un link che può mandare gli utenti su un tuo sito.

Ecco un esempio.

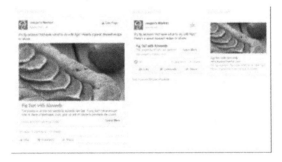

Le inserzioni con un link sono composte da una descrizione (25 caratteri), del testo (90 caratteri), un'immagine (1200 x 628 pixel), una descrizione del link (30 caratteri) e un pulsante.

Carosello

Un'altra tipologia di annunci che ti permette di mandare utenti sul tuo sito sono gli ads a carosello. In questi annunci puoi utilizzare dalle 3 alle 5 immagini con link a sezioni del tuo sito diverse. Il vantaggio più grande è che puoi includere e promuovere una vasta gamma di prodotti in un'unica inserzione, attraverso la quale gli utenti possono scorrere in base ai loro interessi.

86

Questo ne è un esempio.

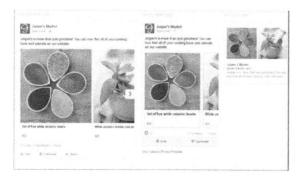

Questi ads sono composti da un titolo (40 caratteri), del testo (90 caratteri), una descrizione del link (20 caratteri) e 3-5 immagini (600 x 600 pixel). Puoi anche inserire un link diverso per ogni immagine.

Canvas

Gli ads canvas ti permettono di creare annunci in modo creativo. Questi annunci permettono di inserire molti elementi in un unico annuncio, creando un'esperienza unica per gli utenti da dispositivi mobili. Per far interagire l'utente si possono utilizzare video, immagini, testi e pulsanti. Solitamente saranno disponibili 8 formattazioni tra cui puoi scegliere, come mostrato di seguito.

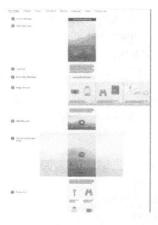

Foto

Gli annunci basati sulle foto sono un ottimo modo per aumentare le interazioni con i clienti per una pagina che si basa su contenuto visuale. Se scegli la foto giusta puoi aumentare esponenzialmente il numero di mi piace e commenti.

Questi ads possono contenere testo (90 caratteri) e un'immagine (1200 x 900 nella home, 254 x 133 nella colonna di destra)

Video

Gli annunci contenenti video sono la seconda categoria più popolare su Facebook e anche quelli che offrono più opportunità di interazione con gli utenti. Questi ads sono visibili sia su computer che su dispositivi mobili.

Potrai inserire un titolo (25 caratteri), un testo (90 caratteri) e un video.

Testo

Anche gli annunci di testo possono aumentare le interazioni degli utenti con la tua pagina. Sono relativamente semplici da usare, e sono ottimi per condividere un messaggio con gli utenti. Possono portarti mi piace, commenti e condivisioni, ma otterranno meno interazioni rispetto agli annunci contenenti video. Questi annunci sono utili se il file multimediale che vuoi condividere non è visibile su dispositivi mobili.

Applicazione per Facebook

Questo tipo di annunci è progettato per le compagnie che stanno cercando di aumentare le installazioni della loro applicazione. Gli annunci appaiono solo nella home degli utenti da dispositivi mobili, e includono un pulsante che se cliccato li porta direttamente alla pagina di installazione o ad una sezione particolare dell'applicazione.

Questo annuncio può contenere del testo (90 caratteri) e anche un'immagine (1200 x 628)

Applicazione per desktop

Se vuoi che più utenti utilizzino la tua applicazione per desktop questo tipo di annunci è il più adatto. Questi ads possono apparire solo sulla home degli utenti da computer, e può avere un pulsante che porta gli utenti sull'app.

Questo annuncio può contenere una foto o un video, un testo (90 caratteri) e un pulsante per le azioni. Come già detto in precedenza, il tuo obiettivo è quello di capire quali annunci sono i più adatti alle tue esigenze.

Una volta stabilito il tuo obiettivo, Facebook ti offre le opzioni che sono più adatte all'obiettivo che hai scelto. Di seguito trovi i tipi di annunci distinti nei vari obiettivi.

Interazioni con l'applicazione

• Applicazione Facebook per Mobile

• Applicazione Facebook per Desktop

Installazioni applicazione

• Applicazione Facebook per Mobile

• Applicazione Facebook per Desktop

Esposizione del marchio

• Facebook Foto

• Facebook Video

• Facebook Carosello

Visite al Sito

• Facebook Link

• Facebook Carosello

• Facebook Canvas

Interazioni con la Pagina

• Facebook Foto

• Facebook Video

• Facebook Testo

Visualizzazioni Video

• Facebook Video

Conversioni sul Sito

• Facebook Link

• Facebook Carosello

• Facebook Canvas

Puoi selezionare l'opzione più adatta alle tue esigenze, ma ricorda che in questa lista la promozione degli eventi, i mi piace alla pagina, la generazione di lead, l'esposizione locale e il riscatto di offerte non sono presenti perché hanno il loro tipo di annuncio (non è necessario selezionare il modello).

Ora che conosci tutti gli ads analizzeremo i passaggi necessari per crearne uno.

CREARE UN ANNUNCIO

È il momento di iniziare a creare l'annuncio dopo averne selezionato la tipologia

Formato

Quando devi iniziare a creare un annuncio dovrai selezionarne il formato per prima cosa. L'annuncio qua sotto è specifico per ottenere visite al sito, quindi contiene un link o un carosello.

Multimedia

Dovrai selezionare le immagini o l'immagine che vuoi venga mostrata sul tuo annuncio dopo aver selezionato la tipologia. Puoi caricare un'immagine personalizzata o selezionarne una tra quelle gratuite disponibili. Sul lato destro di questa sezione vedrai delle immagini consigliate. Ricordati di queste per fare in modo che il tuo annuncio sia di alta qualità.

Pagina

In base al tipo di annuncio potrai inserire un testo e altre informazioni importanti. In questo esempio, è presente un testo e un link al sito su cui vuoi mandare gli utenti. Dovrai prima assicurarti che la tua pagina di Facebook sia collegata alla tua azienda.

Potrai poi pubblicizzare il link al tuo sito per ottenere più visualizzazioni. Una volta fatto questo, potrai inserire un titolo e un testo. Alla fine potrai avere un'anteprima dell'annuncio sulla destra.

Quando sarai soddisfatto del risultato ottenuto potrai confermare l'attivazione dell'annuncio, ma prima di farlo controlla le linee guida che ti aiuteranno a scegliere le immagini, il testo e il titolo.

Linee guida

Per far funzionare la tua strategia di marketing non ti basterà fare in modo che il maggior numero di persone possibili possa vedere il tuo annuncio. Dovrai assicurarti che il contenuto che pubblicizzi possa interessare agli utenti, spingendoli così ad interagire con il tuo account, mettendo mi piace, commentando, partecipando ad un'offerta o visitando il tuo sito. Anche se alcuni elementi potrebbero variare in base allo scopo dell'annuncio, ce ne sono alcuni di generali che valgono in ogni caso.

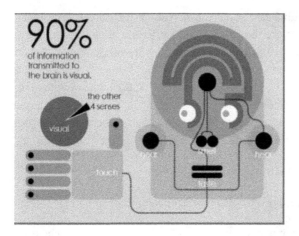

Origine

Il contenuto che ha un grande impatto visivo è il più efficiente. Perché? Perché l'80% delle persone preferisce leggere un testo se è correlato ad un'immagine a colori, il 55% ricorda più informazioni se sono accompagnate da un'immagine, e il contenuto con le immagini piace di più al 94% delle persone. Quando una persona scorre tra i post potrebbe non vedere del contenuto composto solo da testo. Se crei un post con un grande impatto visivo gli utenti saranno più spinti ad interagire con l'annuncio. Assicurati di investire in immagini o video di alta qualità, tenendo conto che non devi usare solo contenuto promozionale.

Rilevanza

l'importanza della rilevanza di un annuncio non può essere espressa correttamente. Se un annuncio non sarà trovato interessante dagli utenti che lo visualizzano è quasi impossibile che dia i risultati desiderati. Se spendi dei soldi sugli ads di Facebook devi almeno assicurarti che il contenuto che pubblicizzi sia inerente agli interessi degli utenti che vuoi raggiungere. È importante che le immagini, il testo e il titolo siano in linea con l'argomento trattato nell'annuncio, questo aumenterà anche le possibilità del tuo annuncio di vincere le aste per le posizioni.

Metti in evidenza i vantaggi

Quando inizi a pubblicare gli ads, devi assicurarti che questi esprimano correttamente il valore di quello che stai offrendo ai tuoi clienti. Deve essere chiaro il motivo per cui te sei meglio della competizione. Questo è quello che ti permetterà di aumentare le vendite. Nell'annuncio dovresti includere i vantaggi che l'utente si dovrebbe aspettare di ottenere dal tuo prodotto/servizio, specificando anche in che modo potresti risolvere un problema. Per assicurarti di mettere in evidenza i vantaggi che offri ricordati di:

- ✓ Creare una lista dei vantaggi che offri

- ✓ Specificare perché conviene al cliente

- ✓ Specificare perché quello che offri è meglio di quello che offre la competizione.

- ✓ Assicurati di non scrivere troppo, in modo da rendere chiari i vantaggi.

Ecco degli esempi:

Mail Chimp: Il Migliore per Mandare Ottime Mail

Weebly: Crea un Sito Web Perfetto in Pochi Passi

Shopify: Vendi Tutto, da Qualsiasi Parte del Mondo.

Nei tuoi titoli, descrizioni e immagini assicurati di rendere chiari i vantaggi che offri.

Pulsanti con azione

Anche se è importante creare un annuncio che attira l'attenzione degli utenti, devi stare attento a rendere chiara l'azione che l'utente dovrebbe compiere. Alcune persone non capiscono che devono cliccare il link per usare la promozione, o mettere mi piace per partecipare al concorso se non è presente un pulsante per compiere l'azione. Devi fare in modo che sia chiaro capire cosa deve fare l'utente, aumentando il numero di conversioni.

Immagini/Foto di alta qualità

Gli annunci con un grande impatto visivo avranno più successo, ma non senza immagini di alta qualità. Le foto o le immagini che scegli dovrebbero essere luminose e ricche di colori, che riflettano l'azienda e anche interessanti. Se le persone vedono che le immagini sono di bassa qualità potrebbero ricevere il messaggio opposto.

Testo nelle immagini

Un testo aggiuntivo sull'immagine nelle pubblicità può essere un ottimo modo per aumentare l'efficacia del messaggio (come ad esempio un logo in un angolo), ma c'è anche il rischio che non raggiunga l'utenza desiderata. Quando carichi un'immagine Facebook determina quanto testo contiene, e se ne contiene più del 20% ne riduce la copertura. È consigliabile usare un font piccolo, inserire il testo in un contorno e evitare di metterlo in mezzo all'immagine.

Insieme dei fattori

L'immagine gioca senza dubbio un ruolo importante nei tuoi annunci, ma è l'insieme di tutti gli elementi che ti darà i migliori risultati. Ed è qua che entrano in gioco anche il testo e l'azione a cui porta il pulsante. Per ricevere risultati ottimali dovrai scegliere i tuoi obiettivi in modo che si adattino al meglio alla tua azienda, e dovrai progettare gli ads di conseguenza. Se l'immagine che userai e il testo che inserirai saranno di alta qualità riuscirai a spingere gli utenti ad interagire con la tua pagina.

SEZIONE 7

I PASSAGGI
SUCCESSIVI

OTTIMIZARE I TUOI ADS: PARTE 1

A questo punto, sai come mettere insieme contenuti accattivanti per i tuoi annunci, ma ci sono diversi elementi che possono essere utilizzati per aumentare l'efficacia. Diamo un'occhiata ad alcune strategie comprovate che possono aiutarti a creare annunci che raggiungano il loro massimo potenziale.

Rivolgiti sia al lato razionale che a quello irrazionale delle persone!

Noi tutti siamo vogliamo credere che prendiamo le nostre decisioni razionalmente, e benché questo possa risultare vero sotto certi aspetti Freud scoprì che c'è una componente irrazionale in più o meno tutte le decisioni che vengono prese dall'uomo. Per questa ragione, devi costruire i tuoi ads in modo tale che si rivolgano sia al lato razionale che a quello irrazionale del tuo target.

Molti advertisers commettono l'errore di creare ads che si rivolgono solamente al lato razionale del decision maker. Molte volte tendono solamente a descrivere il prodotto in termini tecnici elencandone le caratteristiche.

Pensa a quei post dove si vede solamente l'immagine del prodotto e ne si elencano le qualità.

Elencare le qualità del prodotto potrebbe essere una buona cosa ma quello che tu vuoi che il consumatore comprenda è il valore che il tuo brand può portare nella sua vita.

Un buon esempio di "rivolgersi alle emozioni del consumatore" potrebbe essere quello di un post in cui viene mostrata una persona sorridente mentre utilizza il prodotto con un pay off emozionale come quello utilizzato dalla famosa casa di produzione di pasta, "Dove c'è Barilla c'è casa".

Per creare ads emozionale chiediti "Il prodotto o il servizio che offro andrà a rendere la vita dei miei clienti più facile sotto qualche aspetto?", "Li aiuterà ad esprimere un lato della loro personalità?"

Riprova sociale e Inclusione

98

La riprova sociale è uno dei modi per rivolgersi ai bisogni emozionali del cliente, e funziona su emozioni molto specifiche sperimentate dal consumatore. La riprova sociale aiuta ad ridurre le obiezioni inconsce che portano il cliente a chiedersi "Posso realmente fidarmi di questo business?" o "Questa cosa funziona davvero?".

Le persone spesso sono restie nel provare nuove cose o cambiare verso nuovi servizi con i quali non sono familiari, per questo la riprova sociale può essere un potente strumento per aiutare le persone a superare questa riluttanza. E' stato provato che i consumatori si fidano molto di più delle recensioni ad un prodotto che del contenuto del brand stesso, per questo fornire al tuo pubblico alcune prove della soddisfazione altrui è un must. Per questo sono molto importanti i likes a un post sponsorizzato.

Un altro esempio di social proof sono le testimonianze. Le persone vedono che già altri hanno usato il tuo prodotto o servizio e hanno avuto una buona esperienza. Questo dice a loro che potrebbe valere la pena spendere tempo e soldi per seguire l'esempio del consumatore soddisfatto nella testimonianza. Questo è particolarmente efficace se la testimonianza proviene da una persona famosa o da un individuo che è un esperto del settore.

Un altro modo per usare la riprova sociale è quello di mostrare il numero di clienti soddisfatti che hanno usato il tuo servizio. Se puoi dire che migliaia di persone hanno utilizzato il tuo prodotto, il consumatore sarà molto più portato a pensare che potrebbe valere la pena tentare con il tuo brand.

Oltre a rivolgerti a tutti i lati del consumatore, è importante provare approcci differenti e testarli insieme per vedere quale funziona meglio. Questo ci porta alla prossima strategia.

Testare design multipli

Se vuoi avere il migliore impatto possibile nel lungo termine, allora devi testare design differenti per i tuoi annunci. Quando inizi una campagna, crea design differenti variando anche le value propositions, le headlines e le immagini. Quando attiverai le campagne tutte insieme, sarai in grado di capire quale funziona meglio e queste informazioni potranno essere usate per ridurre di molto i tuoi sforzi in futuro.

Un buon modo per fare ciò è di creare 2 immagini e 2 testi. Usa ogni immagine con ognuno dei due testi e avrai 4 ads da testare. Sarai in grado di capire quale ad funziona meglio, quale testo va meglio e quale combinazione dei due riceve il maggior numero di risposte. Non c'è limite a quanto tu possa testare e rifinire i tuoi annunci.

Segreti Grafici

Come già sai, le immagini sono una parte importante per creare un annuncio efficace. Per trarre il massimo dalle immagini dei tuoi ad ci sono un paio di cose che puoi considerare.

Immagini multiple (carosello) possono essere molto buone per ads multipli. Esempio, se vendi un prodotto che ha versioni di diversi colori (un capo d'abbigliamento), l'ad può rappresentare uno di quei colori, oppure puoi creare un'immagine che contiene un gruppo di prodotti correlati (felpe di diversi colori). Immagini multiple possono essere molto efficaci per attirare l'attenzione e mostrano al consumatore che hai una vasta selezione.

Seconda cosa, delle ricerche hanno dimostrato che gli ads con persone fisiche funzionano meglio di quelle che usano illustrazioni. Questo succede perché le persone si identificano con altre persone, stai aiutando il consumatore a riconoscersi nel contenuto dell'ad. Potrebbe essere quindi un'ottima mossa mostrare nel tuo annunci persone vere che mostrino i benefici del tuo servizio nella "vita reale".

Ora hai imparato le prime strategie che i grandi nomi del business usano per trarre il massimo dalle loro campagne pubblicitarie. Nella seconda parte ti mostrerò meglio come ottimizzare la lunghezza del testo, le call to action e altro ancora.

OTTIMIZARE I TUOI ADS: PARTE 2

Il design dei tuoi annunci Facebook avrà un effetto diretto sui risultati che puoi aspettarti. In questa sezione, daremo un'occhiata più da vicino ad alcune delle opzioni che hai a disposizione per il testo degli annunci e ti fornirò delle informazioni che possono aiutare a ottimizzare il testo dell'annuncio.

Lunghezza ottimale del testo per le tue ads

Facebook imposta limiti sulla lunghezza del testo in molti degli annunci che puoi pubblicare, ma ci sono ancora alcune opzioni e quello che devi fare è usare lo spazio che hai a disposizione nel modo più efficace possibile.

In molti annunci, avrai la possibilità di creare un'intestazione e quindi una descrizione più lunga.

Se si guarda il titolo della maggior parte degli annunci di Facebook, la lunghezza media del testo è di circa 5 parole. Tuttavia, la lunghezza più comune del titolo è in realtà di 4 parole. Proprio perché può essere difficile abbreviare così tanto la tua headline, sei costretto a concentrare il valore che hai da offrire in quelle 4 parole e in modo da lasciare che i tuoi lettori guardino alla descrizione più lunga per saperne di più. Il linguaggio deve essere chiaro, mirato al tuo pubblico, e focalizzato sui benefici.

La stessa cosa vale per la descrizione, la lunghezza ottimale del testo dovrebbe aggirarsi intorno a una media di 17 parole, circa il 35% del numero dei caratteri consentiti da Facebook. E' qui che devi spingere il tuo pubblico ad attuare l'azione che vuoi che faccia usando un linguaggio conciso e diretto.

Usare le parole migliori, i migliori sentimenti e i migliori numeri per gli Ad

Ci sono molti elementi in un testo che possono aiutare a rendere il messaggio più efficace. Alcune parole agiscono sulle persone in modo subconscio. È possibile utilizzare diversi sentimenti negli annunci per dare al contenuto una sensazione che renda più probabile una spinta all'azione, e ci sono diversi modi in cui puoi usare i numeri per controllare il modo in cui una persona vedrà il contenuto dell'annuncio.

La scelta delle parole ha un impatto sul modo in cui le persone visualizzano i tuoi annunci. Parole come "tu" o "tuo" possono essere ottime per avere un effetto positivo sul consumatore. Alla gente piace pensare a se stessa e queste parole stimolano quell'area del cervello. La parola "gratis", "migliore" e "ora" sono dei classici esempi di parole che hanno un effetto positivo sul consumatore.

Devi anche creare il sentimento giusto per l'annuncio. I dati mostrano che la maggior parte degli annunci di Facebook sono emozionalmente neutri, ma puoi ottenere risultati migliori se i tuoi annunci toccano le giuste corde Alcune parole creano associazioni positive o negative e

102

devi esserne consapevole quando crei un annuncio. Alcuni esempi di parole che suscitano un sentimento positivo sono "capace", "incredibile" o "delizioso" mentre parole che suscitano emozioni negative possono essere "catastrofico", "terribile" o "doloroso".

Esempio:

Se stai promuovendo un nuovo tipo di sgrassatore potresti enfatizzare nel tuo annuncio quanto fossero "sporchi" e "orribili" i tuoi pavimenti prima di utilizzare i prodotto. Così facendo susciterai una sensazione negativa nel consumatore per poi dargli un sollievo fornendogli la soluzione al problema.

Se invece stai promuovendo un nuovo tipo di preparati per le torte potresti usare parole come "fantastico", "delizioso", dolcissimo" per suscitare sentimenti positivi nel consumer e spingerlo all'acquisto.

Tieni poi anche conto dell'utilizzo dei numeri nei tuoi ads. I numeri sono molto efficaci dato che danno un'idea concreta al consumatore di cosa offri. Possono essere percentuali come il 25% in uno sconto o il numero di persone soddisfatte dell'acquisto, il numero di un determinato guadagno mensile o dei dati statistici. Non c'è limite al numero delle cifre che puoi inserire nei tuoi annunci.

Call to action (CTA): i più usati e i meno usati

Ora vediamo i tipi di call to action più importanti. La call to action è un elemento estremamente necessario da porre nella maggior parte degli annunci. Permette alle persone di sapere esattamente cosa vuole l'annuncio da e aiuta a far si che effettivamente svolgano quell'azione. Facebook rende la cosa estremamente semplice mediante i pulsanti per la call to action.

Proprio perché la call to action è un elemento molto importante, devi fare in modo di usare le CTA che daranno al tuo annuncio la maggiore possibilità di successo. Alcune CTA funzionano meglio di altre, quindi può aiutare usare quelle più efficaci.

La CTA più popolare su Facebook è Iscriviti, Acquista Ora e Scopri di Più. Il pulsante Iscriviti è ottimo per indirizzare gli utenti ad una pagina di iscrizione, Acquista Ora può indirizzare ad uno store online mentre Scopri di Più può essere efficace in situazioni dove il tuo scopo è quello di dare maggiori informazioni sulla tua offerta al consumatore (es. link a sales page).

Ci sono anche alcune call to action che sono meno popolari. Queste includono Contattaci, Richiedi Subito, Guarda di più, Gioca, Prenota Subito. In alcuni casi, anche le CTA meno popolari potranno essere le migliori da usare per il tuo business, ma se puoi trovare un'alternativa più popolare, questo può aumentare il numero di click che puoi ricevere.

Mettendo strategicamente insieme il testo che trasmette un messaggio corretto, con la giusta lunghezza, e usando il giusto mood emozionale, è molto più probabile che tu abbia una migliore risposta da parte del consumatore, e il bello che loro potrebbero anche non sapere il perché di questa cosa! Combinando gli elementi di questa lezione con quelli della lezione precedente avrai gli strumenti necessari per produrre contenuti davvero interessanti.

TENERE TRACCIA DEI RISULTATI

Calcolare l'efficienza di una campagna

Stai tenendo traccia dell'efficacia dei tuoi annunci su Facebook?

Se stai usando gli ads di Facebook per rimanere connesso con gli utenti dovresti anche misurare l'efficacia dei tuoi annunci. Tenere traccia dei risultati che una campagna ti porta è fondamentale, anche se le analisi sui social media possono essere più difficili che su altre piattaforme, sarà essenziale assicurarsi di star spendendo il budget nel modo giusto.

Se non stai attualmente tenendo traccia dell'efficacia dei tuoi annunci e non riesci a capire come farlo, non sei l'unico. Infatti le ricerche hanno mostrato che solamente l'8% delle compagnie che fanno pubblicità su Facebook sono in grado di calcolare il ROI dei loro annunci. Per capire se i tuoi annunci stanno ottenendo i risultati desiderati dovrai monitorare i risultati che danno e modificarli in base a questi.

Come misurare l'efficienza di una campagna su Facebook

Anche se chi è nuovo al mondo degli ads potrebbe misurare l'efficacia in base alle visualizzazioni e alle azioni sugli annunci, questo non è il modo giusto. Di seguito troverai dei passaggi fondamentali per capire il rendimento dei tuoi annunci:

1. Imposta degli obiettivi per le tue campagne pubblicitarie.

Le aziende creano degli annunci su Facebook per vari motivi. Certe vogliono aumentare le interazioni sulla loro pagina, altre invece vogliono aumentare le vendite o incoraggiare ad installare un'applicazione. Non importa quali siano i tuoi obiettivi, devi ricordati che dovrai scegliere che dati tenere in considerazione per valutare i tuoi annunci.

Man mano che sviluppi la tua strategia di marketing su Facebook, ricordati di quello che vuoi ottenere. Quando inizierai a creare le tue campagne dovrai scegliere un obiettivo. Che azioni vuoi che compiano gli utenti? Questo non ti aiuterà solamente a creare contenuto interessante, ma ti permetterà anche di capire che parametri tenere sotto controllo.

2. Scegli dei parametri sensati.

Ora che hai degli obiettivi ben definiti in mente, dovrai scegliere i parametri da monitorare per capire come sta andando il tuo annuncio. Anche se hai molte possibilità di scelta, potrai utilizzare quello che segue come guida per iniziare a tenere traccia degli annunci in base agli obiettivi:

Generare lead – impressioni, costo per 1,000 impressioni (CPM), frequenza, spesa, rateo di click (CTR), costo per click (CPC), lead, costo per lead

Vendere prodotti – impressioni, CPM, frequenza, spesa, CTR, click sul link, CPC, vendite, costo per vendita

Aumentare l'esposizione – impressioni, CPM, frequenza, spesa, CTR, click sul link, CPC, lead, costo per lead

3. Monitora questi parametri e crea un report.

Una volta scelti i parametri più adatti, è ora di iniziare a tenerne traccia. Puoi usare il Facebook Ads Manager per tenere traccia dei parametri, o puoi usare un servizio di terze parti che crea un report in base ai parametri che selezioni.

Una volta creato il report, potrai usarlo come base in futuro. Paragona i risultati alle tue aspettative, e anche alle campagne della competizione. Man mano che passa il tempo raccoglierai sempre più informazioni e avrai dei dati utili per le tue campagne future.

Per quanto riguarda il report, dovrai assicurarti che sia chiaro cosa rappresentano i dati e come questa campagna contribuisce al raggiungimento dei tuoi obiettivi. Dei grafici o delle tabelle possono aiutarti a capire come vengono spesi i tuoi soldi sugli annunci.

4. Migliora la tua strategia per tracciare i dati nel tempo.

Una volta creata una strategia per misurare i risultati ottenuti, dovrai anche assicurarti che funzioni anche con il passare del tempo. Se pensi di dover includere dati aggiuntivi, o che dei dati già presenti non siano più necessari, forse è il momento di sistemare i tuoi obiettivi o i parametri monitorati.

Creare una strategia di successo richiede tempo. Dopo aver aggiornato la tua strategia controllala nuovamente, analizza il tuo processo per creare il report e assicurati che i dati siano validi.

Usare l'Ads Manager di Facebook

Sei pronto a scoprire se i tuoi annunci stanno andando bene o male? L'Ads Manager di Facebook ti permette di ricavare dati importanti sui tuoi annunci e di modificare questi ultimi. Tramite questo pannello puoi tenere sotto controllo tutte le tue campagne. Se vuoi vedere il loro rendimento puoi cliccare il pulsante "Funzionance", che ti permette di visualizzare varie categorie. Nell'Ads Manager puoi anche modificare i filtri dei tuoi annunci o modificarne il contenuto

Dopo aver determinato quali parametri vorrai monitorare e avrai iniziato a collezionare dati, dovrai ottimizzare gli annunci per raggiungere il tuo obiettivo. I test sono molto importanti per assicurarti che la campagna sia efficace. Potresti prendere in considerazione di usare anche strumenti aggiuntivi, come Conversion Lift per testare i tuoi annunci e scoprire quali stanno raggiungendo il tuo obiettivo nel migliore dei modi.

CALCOLARE IL ROI

È importante calcolare il profitto degli ads, come per qualsiasi altra strategia di marketing. Puoi capire come ottenere più risultati con l'Ads Manager, ma come fai a sapere quanto guadagni per ogni annuncio, come fai a capire se c'è un profitto o meno? Purtroppo molte aziende fanno fatica a capire se gli annunci stanno portando un profitto o una perdita.

Per calcolare il ROI di un annuncio dovrai determinare il valore di ogni azione e il costo di ogni azione. Questa equazione è ROI = (guadagno – investimento)/investimento.

Amount Spent	Cost per Website Purchase Click Attribution	Website Purchases Conversion Value Click Attribution
$269.59 of $269.59	$8.70 28-day	$5,624.00 28-day
$230.41 of $230.41	$10.02 28-day	$4,384.60 28-day
$500.00 Total Spent	$9.26 Per Action	$10,008.60 Total

Impostare un obiettivo

Dovrai capire cosa vuoi ottenere dagli annunci prima di poter capire il profitto che ne trai. Se la campagna è per lead, conversioni, click sul sito, offerte, etc. dovrai impostare l'obiettivo nel processo di creazione dell'annuncio.

Avviare una campagna

È il momento di avviare la campagna pubblicitaria una volta deciso l'obiettivo. Decidi cosa vuoi ottenere e ottimizza la campagna per ottenerlo.

Tenere traccia dei risultati

Durante il periodo in cui gli annunci sono attivi potrai tracciare i risultati usando l'Ads Manager.

Calcolare l'investimento totale

108

Successivamente, dovrai calcolare quanto hai speso sugli annunci per ottenere questi risultati. Per fare questo, calcola quanto hai speso sulla campagna, incluse le ore per crearla e il costo di strumenti di terze parti. Per esempio, potresti aver speso 300$ per una campagna, in base al tempo speso, il costo degli annunci e le immagini che hai comprato.

Identificare il valore a lungo termine dei tuoi risultati

Dovrai analizzare i risultati una volta terminata la campagna. Sei riuscito a raggiungere il tuo obiettivo? Quante conversioni sei riuscito ad ottenere? Per esempio, se degli annunci erano impostati per ottenere visualizzazioni sul sito, ne hai ottenute 50, e di queste 50 in 3 persone hanno acquistato un prodotto, avrai aumentato la tua Lifetime Customer Value di 3, e questo sarebbe il tuo profitto. Se hai una LCV di 250$, avresti ottenuto un guadagno di 750$.

Un po' di calcoli

Dovresti avere le informazioni necessarie per calcolare il tuo ROI sugli annunci di Facebook. Considera il valore medio di un cliente (250$), moltiplicalo per il numero di clienti ottenuti dagli annunci (3), e avrai il guadagno complessivo, che potrai inserire nella equazione del ROI. (750-300) /300 = 1.5. Qualsiasi ROI al di sopra di 1 è un profitto. Qualsiasi ROI al di sotto di 1 è una perdita. Questa equazione ti permettere di determinare il profitto a lungo termine dei tuoi annunci, e ti permette di capire quali sono profittevoli e quali no.

Analizza e migliora

Puoi capire quali annunci hanno un profitto maggiore e quali ti stanno facendo perdere soldi con questa equazione e ottimizzarli per fare in modo di guadagnare di più. Con questi dati dovresti essere in grado di ottimizzare i tuoi annunci.

Campagne senza vendita diretta

Questi calcoli potrebbero essere più difficili per campagne che non vendono direttamente prodotti, ma che sono create per farti ottenere più mi piace e per far guadagnare esposizione alla tua azienda. Un cliente

109

che ti segue potrebbe mettere mi piace costantemente per 7 mesi prima di acquistare un tuo prodotto o visitare il tuo sito.

È quindi importante tenere traccia dei risultati anche per lunghi periodi di tempo (6-12 mesi) in modo di avere una visione più ampia dei risultati ottenuti dai tuoi annunci, che potranno un giorno portare a vendite. Tieni traccia dei costi e dei risultati di ogni campagna pubblicitaria, le azioni che compiono gli utenti e le vendite che generi grazie a Facebook. Potrai poi calcolare anche il ROI su periodi più ampi.

Gli ads di Facebook sono una parte fondamentale per il marketing su una scala più ampia. Quando capisci in che modo sistematico agiscono i tuoi clienti sarà più semplice capire quali campagne daranno migliori risultati per i vari obiettivi. Una combinazione di diversi annunci è solitamente la strategia che porta maggiori guadagni a lungo termine per la tua azienda.

CONCLUSIONE

Eccoci giunti alla fine di questo nostro percorso per creare un marketing efficace legato a Facebook.

Ci sarebbero ancora molte cose da dire ma per motivi di praticità riserverò ad un libro successivo.

Ora dovresti essere in grado di:

- ✓ Creare una tua pagina Facebook, ottimizzarla e renderla attraente.

- ✓ Definire l'obiettivo della campagna

- ✓ Definire il target della campagna

- ✓ Stabilire il budget della campagna

- ✓ Creare il tuo annuncio pubblicitario, ottimizzarlo e renderlo attraente

- ✓ Monitorare i tuoi progressi e calcolare il ritorno sull'investimento

Queste sono le mosse base che, seppure molto semplici, sbaglia il 99% della gente che si approccia al Facebook marketing, te lo garantisco.

Ripeto, queste sono mosse base, ma anche se sono definite tali credimi che ti basteranno ed avanzeranno per accrescere almeno della metà il tuo fatturato in un tempo relativamente breve. Questo perché? Perché come ho detto il 99% della gente e delle aziende non conosce neanche le basi, o almeno non le mette in pratica come dovrebbe.

Sei pronto?

Ora tocca a te!

Ti auguro il meglio

Riccardo